KÖNIGS ERLÄUTERUNGEN SPEZIAL

Textanalyse und Interpretation zu

Otfried Preußler

KRABAT

Sabine Hasenbach

Alle erforderlichen Infos für Referat und Klassenarbeit

Zitierte Ausgabe:
Preußler, Otfried: *Krabat – Ausgabe mit sorbischer Sage*. 6. Auflage. Stuttgart: Thienemann, 2018.

Über die Autorin dieser Erläuterung:
Sabine Hasenbach hat Mineralogie (mit den Nebenfächern Mathematik, Physik und Chemie) an den Universitäten Köln und Bonn sowie Literaturwissenschaft (mit den Nebenfächern Psychologie und Soziologie) an der FernUniversität in Hagen studiert, wo sie mit einer Arbeit über Katherine Mansfield graduiert worden ist. Sie wohnt in Düsseldorf und arbeitet an der dortigen Heinrich-Heine-Universität. In ihrer Freizeit läuft sie Langstrecke.

2. Auflage 2022
ISBN: 978-3-8044-3138-6
PDF: 978-3-8044-5138-4, EPUB: 978-3-8044-4138-5
© 2020 by Bange Verlag GmbH, 96142 Hollfeld
Alle Rechte vorbehalten!
Titelabbildung: David Kross und Christian Redl in der Verfilmung der Krabat-Sage (2008). © picture-alliance/dpa
Druck und Weiterverarbeitung: Tiskárna Akcent, Vimperk

----

1. DAS WICHTIGSTE AUF EINEN BLICK – SCHNELLÜBERSICHT

Damit sich jeder Leser in unserem Band rasch zurechtfindet und das für ihn Interessante gleich entdeckt, hier eine Übersicht.

Im 2. Kapitel beschreiben wir das **Leben Otfried Preußlers** und stellen den **zeitgeschichtlichen Hintergrund** dar:

⇨ S. 9
→ Otfried Preußler wurde am **20. Oktober 1923 im böhmischen Reichenberg geboren** und arbeitete als Lehrer. Er starb am 18. Februar 2013 im bayerischen Prien am Chiemsee.

⇨ S. 13
→ Zeitgeschichtlicher Hintergrund des Romans *Krabat* ist der **Große Nordische Krieg 1700 bis 1721**.

⇨ S. 15
→ *Krabat* ist der **Jugendliteratur** zuzuordnen. In diesem Genre gehört der 1971 erschienene Roman zu den Klassikern.

Im 3. Kapitel bieten wir eine **Textanalyse und -interpretation**.

Krabat – Entstehung und Quellen:

⇨ S. 20
Zu *Krabat* motiviert wurde Preußler durch die **Kindheitslektüre der sorbischen Sage**. Er recherchierte die historischen Orte in der Lausitz, las über Mühlentechnik und ließ sich von einem befreundeten Müllermeister über das Leben auf einer Mühle berichten.

→ Ende der 1950er-Jahre: Preußler beginnt mit der Arbeit an *Krabat*.

→ 1971: Erstpublikation des Romans durch den Arena Verlag, Würzburg.

Inhalt:

Der Lausitzer Bettlerjunge Krabat folgt dem Ruf eines Meisters der
Schwarzen Kunst und lässt sich in dessen Mühle zum Zauberer aus-
bilden. Zunächst gefällt dem Jungen sein neues Leben. Die mysteriösen Tode seiner Freunde Tonda und Michal und weitere merk-
würdige Vorgänge in der Mühle lassen ihn jedoch misstrauisch
werden. Als er erfährt, dass der Meister in die Tode der Freunde
involviert ist, beschließt er, sich an ihm zu rächen. Mit der Hilfe seines Mitgesellen und Freundes Juro und der selbstlosen Kantorka
aus Schwarzkollm, in die sich Krabat verliebt hat, führt er den Unter-
gang des Meisters und der Mühle herbei.

⇨ S. 24

Aufbau, Chronologie und Schauplätze:

Der Roman hat eine triadische Struktur. Das Geschehen umspannt
drei Jahre und wird überwiegend chronologisch erzählt. Schauplatz
ist die Lausitz (in der Nähe von Hoyerswerda und Kamenz; die Lausitz ist eine Region in Deutschland und Polen).

⇨ S. 60

Hauptfiguren:

Krabat
→ Bettlerjunge aus der Lausitz
→ legt sich mit dem Meister der schwarzen Magie an

⇨ S. 66

Der Meister
→ bösartiger Lehrer der schwarzen Magie
→ scheitert an Krabat

⇨ S. 69

Tonda
→ Krabats bester Freund
→ wird umgebracht

⇨ S. 73

⇨ S. 78   Auch auf die **Nebenfiguren**, die für das Verständnis des Romans von Bedeutung sind, gehen wir ein.

Stil und Sprache:

Preußler arbeitet mit

Auf folgende Interpretationsansätze gehen wir näher ein:

2.1 Biografie

2. OTFRIED PREUßLER: LEBEN UND WERK

2.1 Biografie[1]

Otfried Preußler
(1923–2013)
© picture-alliance/
dpa

JAHR	ORT	EREIGNIS	ALTER
1923	Reichenberg/ Böhmen (Tschechien)	Otfried Preußler wird am 20. Oktober als Otfried Syrowatka geboren. Seine Eltern sind beide Lehrer. 1927 wird sein Bruder Wolfhart geboren.	
1941	Reichenberg	Preußlers Vater Josef Syrowatka ist NSDAP-Mitglied und lässt den Nach- namen in Preußler ändern.	18
1942	Reichenberg	Preußler legt an der Rudolfschule das Abitur ab, wird sofort zum Kriegsdienst eingezogen und muss an die Ostfront.	19
1943 oder 1944	Berlin	Publikation des in nationalsozialistischer Manier gehaltenen Jugendbuches *Ernte- lager Geyer*, das Preußler als 17-Jähriger verfasste.	20
1944– 1949	Russland	Preußler kommt in russische Kriegs- gefangenschaft.	21
1949	Rosenheim/ Oberbayern	Preußler wird aus der Kriegsgefangen- schaft entlassen und findet in Bayern seine Familie, die vertrieben worden war, und auch seine Braut Annelies Kind wieder. Sie heiraten im selben Jahr.	26
1949		Preußler beginnt ein Studium der Pädago- gik, um Lehrer zu werden. Nebenbei arbeitet er als Lokalreporter und schreibt erste Geschichten für den Kinderfunk.	26

---

1 Otfried Preußler verfasste neben Kinder- und Jugendbüchern auch Bilderbücher und Theater- stücke und wurde mit zahlreichen Preisen geehrt. Hier beschränken wir uns auf die wichtigsten Kinder- und Jugendbücher und die wichtigsten Preise.

2.1 Biografie

JAHR	ORT	EREIGNIS	ALTER
1951		Geburt der Tochter Renate.	28
1953		Preußler wird nach seinem Studium Lehrer an der Volksschule Stephanskirchen. Geburt der Tochter Regine.	30
1956	Stuttgart	*Der kleine Wassermann* erscheint im Stuttgarter Thienemann Verlag und macht Preußler bekannt.	33
1957	Frankfurt	Otfried Preußler wird für *Der kleine Wassermann* bei der Verleihung des Deutschen Jugendbuchpreises[2] mit einem Sonderpreis ausgezeichnet. *Die kleine Hexe* erscheint.	34
1958		Geburt der Tochter Susanne. Publikation von *Bei uns in Schilda*.	35
1962		Publikation von *Der Räuber Hotzenplotz*. Preußler übersetzt das Kinderbuch *Kocour Mikeš* (*Kater Mikesch*) des tschechischen Autors Josef Lada.	39
1963	Frankfurt	Preußler wird für seine Nacherzählung des *Kater Mikesch* mit dem Deutschen Jugendbuchpreis ausgezeichnet.	40
1966		*Das kleine Gespenst* erscheint.	43
1968		Publikation von *Die Abenteuer des starken Wanja*.	47
1969		*Neues vom Räuber Hotzenplotz* wird veröffentlicht.	46
1970		Preußler scheidet aus dem Schuldienst aus.	47
1971	Würzburg	Publikation von *Krabat* im Arena Verlag.	48

---

2   Heute: Deutscher Jugendliteraturpreis.

2.1 Biografie

JAHR	ORT	EREIGNIS	ALTER
1972	Frankfurt	Auszeichnung Preußlers mit dem Deutschen Jugendbuchpreis und dem Internationalen Hans-Christian-Andersen-Preis für *Krabat*.	49
1973	Rotterdam Padua	*Hotzenplotz 3* erscheint. Preußler erhält für *Krabat* den Silbernen Griffel von Rotterdam. Die American Library Association ehrt Preußler für *Krabat* als Notabel Book of 1973, die Universität Padua mit dem Europäischen Jugendbuchpreis.	50
1977		Preußler wird für *Krabat* mit dem Jugendbuchpreis des polnischen Verlegerverbandes geehrt.	54
1978	Hamburg	Mit *Die Flucht nach Ägypten – Königlich böhmischer Teil* veröffentlicht Preußler erstmals einen Roman für Erwachsene. Preußler beginnt seine Zusammenarbeit mit dem Verlag für Kindertheater.	55
1979	München	Preußler wird mit dem Bayerischen Verdienstorden ausgezeichnet.	56
1981		Die Geschichte *Hörbe mit dem großen Hut* erscheint.	58
1983		*Hörbe und sein Freund Zwottel* wird veröffentlicht.	60
1985	Augsburg	Publikation der Weihnachtsgeschichte *Der Engel mit der Pudelmütze*. Preußler erhält die Liebieg-Medaille des Heimatkreises Reichenberg.	62
1987		Publikation von *Herr Klingsor konnte ein bisschen zaubern*. Auszeichnung mit dem Bayerischen Poetentaler.	64

2.1 Biografie

JAHR	ORT	EREIGNIS	ALTER
1988	Volkach	Ehrung Preußlers mit dem Großen Preis der Deutschen Akademie für Kinder- und Jugendliteratur e. V. für sein Gesamtwerk.	65
1990		Preußler erhält den Eichendorff-Literaturpreis und die Verdienstmedaille *Pro Meritis* vom Bayerischen Staatsminister für Unterricht und Kultur.	67
1991		Ernennung Preußlers zum Titularprofessor[3] der Republik Österreich.	68
1992	Aschau	Preußler übernimmt den Vorsitz des von ihm in den 1970er-Jahren mitbegründeten „Hilfswerks für die Orthopädische Kinderklinik Aschau".	69
1993		Auszeichnung Preußler mit dem Bundesverdienstkreuz 1. Klasse.	70
2000		Preußler erhält den Konrad-Adenauer-Preis der Deutschland-Stiftung.	77
2010	München	Preußler wird der Bayerischen Maximiliansorden für Wissenschaft und Kunst verliehen.	87
2013	Prien/Bayern	Otfried Preußler stirbt am 18. Februar 2013 in Prien am Chiemsee.	89

---

3   Professor ohne Lehrstuhl.

2.2 Zeitgeschichtlicher Hintergrund

ZUSAMMEN-
FASSUNG

Die Handlung von *Krabat* vollzieht sich vor dem zeitgeschichtlichen Hintergrund des Großen Nordischen Krieges
(1700–1721) zwischen August I. von Sachsen, Kurfürst von
Sachsen und König von Polen, und dem schwedischen König
Karl XII.

Der Große Nordische Krieg (1700–1721)

„Der polnischen Krone wegen führte der Kurfürst von Sachsen seit Jahren Krieg mit dem Schwedenkönig; und da man
zum Kriegführen außer Geld und Kanonen vor allem Soldaten
braucht, ließ er im Lande fleißig die Trommel rühren und Truppen anwerben." (S. 69)

Mit diesem Zitat wird auf **den Großen Nordischen Krieg von 1700
bis 1721** verwiesen. Kontrahenten waren das Russische Reich unter seinem Regenten **Peter I.** (auch: Peter der Große), Polen unter
seinem König **August I. von Sachsen** (auch: August der Starke und
später August II.[4]) und Dänemark unter **Friedrich IV.** auf der einen
Seite und Schweden unter **Karl XII.** auf der anderen Seite. Ab 1711
kamen die Türken hinzu, die die Schweden unterstützten.

Dreier-Koalition
gegen Schweden

Schweden war in dieser Zeit eine europäische Großmacht und
Peter I. wollte Russland zu einer machen – mit der Einverleibung
des Baltikums, was eine Kontrolle über die Ostsee voraussetzte: Die

---

4 August I. von Sachsen war seit 1694 Kurfürst und Herzog von Sachsen und ab 1697 König von
   Polen-Litauen als August II. Er soll über ungewöhnliche Kraft verfügt haben, worauf auch Preußler in Krabat anspielt (vgl. S. 114; S. 148–149).

2.2   Zeitgeschichtlicher Hintergrund

„Der goldene Reiter": August der Starke in Dresden.
© picture alliance/Westend61

Niederlage Polens

Kontrolle hatte allerdings zur damaligen Zeit Schweden und dies bewog Peter I., die oben erwähnte Koalition zu schmieden und Krieg gegen Karl XII. zu führen.

Zunächst läuft der Krieg aber gut für die Schweden. 1700 schlägt Karl XII. erst die Dänen, dann auch in der Schlacht im estnischen Narva die Russen, okkupiert Livland und Kurland[5] und dringt 1703 in Polen ein. 1704 erobern die russischen Truppen Narwa zurück, die Schweden marschieren in Schlesien und Sachsen ein. 1706

---

5   Livland und Kurland sind historische Landschaften in Lettland.

2.2 Zeitgeschichtlicher Hintergrund

diktiert Karl XII. den *Frieden von Altranstädt* bei Leipzig: August I. muss die polnische Krone an den von Karl XII. favorisierten Stanislaus Leszczynski abgeben und steigt aus dem Bündnis mit Zar Peter I. aus.

1708/1709 beginnt Karl XII. seinen Feldzug gegen Russland. Wie später bei Napoleon I. 1812 und Adolf Hitler 1942/43 schwächen der **Wintereinbruch, Krankheiten und Partisanenüberfälle** das schwedische Heer, das schließlich 1709 bei der *Schlacht von Poltawa* vernichtend geschlagen wird. Karl XII. flieht zu den Türken, die er von einer Koalition gegen das Zarenreich überzeugen kann. Ab 1711 beteiligt sich die **Türkei an der Seite Schwedens** am Krieg gegen Peter I. Das russische Heer wird am Pruth umzingelt, doch Peter I. erreicht durch Bestechung freien Abzug, wobei er auf die am Don gelegene Festung Asow verzichtet.

Niederlage Schwedens

Ab 1713 bis 1720 erfolgen Angriffe auf die schwedischen Nord- und Ostseebesitzungen, Russland besetzt Finnland (1714) und marschiert in Schweden ein (1719/20). Karl XII. kehrt aus der Türkei zurück und greift wieder ins Kriegsgeschehen ein. 1718 fällt er vor der norwegischen Festung Frederikshald. Ein Jahr später beginnen **Friedensverhandlungen**, die 1721 mit den Friedensschlüssen von Stockholm und Nystad enden. Schweden ist keine Großmacht mehr, wohl aber Russland, das wie von Peter I. beabsichtigt jetzt **die Ostsee kontrolliert** und sein Staatsgebiet beträchtlich erweitert hat. Zu den Siegern gehört auch August I., denn er wird wieder König von Polen.

Russland wird Großmacht

Wichtige Jugendbücher in den 1970er-Jahren
→ *Krabat* von Otfried Preußler (1971).
→ *Momo* von Michael Ende (1973): Das Mädchen Momo hört den Menschen zu und schenkt ihnen Zeit. Eines Tages tauchen mit den grauen Herren Abgesandte einer Macht auf, die den Men-

2.2 Zeitgeschichtlicher Hintergrund

schen die Zeit stehlen will. Momo stellt sich ihnen erfolgreich
entgegen.

→ *Der Bleisiegelfälscher* von Dietlof Reiche (1977): Thema des
1613 handelnden Romans ist Feigheit. Nördlinger Lodenweber
produzieren überzählige Lodenstoffe, was mit Siegelfälschun-
gen kaschiert wird. Als das bekannt wird und die Nördlinger
Kaufleute ihren Ruf gefährdet sehen, soll einer der Weber dafür
büßen.

→ *Die unendliche Geschichte* von Michael Ende (1979). Der
von seinen Klassenkameraden schlecht behandelte Bastian
Balthasar Bux zieht sich häufig in die Welt der Bücher zurück,
so versinkt er in die Handlung des Buches *Die unendliche
Geschichte*, in dem das Land Phantásien durch ein stetiges
Verschwinden bedroht ist. Nur ein junger Mensch kann diesen
Verfall aufhalten und Bastian fragt sich, ob er dieser junge
Mensch sein kann, womit sich Realität und Fiktion vermischen.
Wie *Krabat* ist *Die unendliche Geschichte* ein Klassiker der
Jugendbuchliteratur.

2.3 Angaben und Erläuterungen zu wesentlichen Werken

ZUSAMMEN-FASSUNG

→ Preußler verfasste Kinder- und Jugendbücher, von denen einige zu Klassikern ihres Genres wurden, so *Der Räuber Hotzenplotz* (1962) und *Krabat* (1971). Für manche seiner Bücher hat Preußler auf Sagenstoffe zurückgegriffen, wie beispielsweise auch bei *Krabat*.[6]

→ In der Biografie *Ich bin ein Geschichtenerzähler* (2010) erklärt Preußler sein Schreiben u. a. mit seiner Verantwortung für Kinder.

Die kleine Hexe

Preußlers erster Erfolg war das Kinderbuch *Die kleine Hexe* (1957). Die benannte Hexe ist 127 Jahre alt und damit zu jung für die Walpurgisnacht auf dem Blocksberg: Sie soll stattdessen Zaubersprüche lernen. Entgegen des Verbots fliegt sie zum Blocksberg, wobei sie erwischt wird. Zur Strafe muss sie alle Zaubersprüche auswendig lernen und **versprechen, eine „gute" Hexe zu werden**. Die kleine Hexe wurde für den Deutschen Jugendbuchpreis 1958 vorgeschlagen.

Der Räuber Hotzenplotz

1963 findet sich erneut ein Kinderbuch Preußlers auf der Vorschlagsliste zum Deutschen Jugendbuchpreis: Es ist das Kinderbuch *Der Räuber Hotzenplotz*, erschienen 1962. Auch hier gehört mit Zwackelmann **ein Zauberer zu den Protagonisten**, der durch die Freunde Kasperl und Seppel und der Hilfe einer Fee in einen Vogel verzaubert wird. 1970 folgt *Neues vom Räuber Hotzenplotz*, 1973 *Hotzenplotz 3*.

---

6   Vgl. Kapitel 5 Materialien, S. 117.

2.3   Angaben und Erläuterungen zu wesentlichen Werken

Kater Mikesch

Ebenfalls 1962 erschien *Kater Mikesch*[7]. In **Märchentradition** erzählt Preußler von einem sprechenden Kater, der zusammen mit anderen sprechenden Tieren ein sorgloses Leben führt, bis er aus Versehen den Rahmtopf der Großmutter zerschlägt. Aus Angst und Scham läuft er weg und arbeitet bei einem Zirkus, wo er viel Geld verdient. Dieses Geld investiert er u. a. in einen neuen Rahmtopf und Geschenke und kehrt in sein Dorf zurück. 1963 erhielt Preußler dafür den Deutschen Jugendbuchpreis.

Das kleine Gespenst

Das kleine Gespenst, erschienen 1966, ist ebenfalls ein Kinderbuch. Es handelt von einem auf der Burg Eulenstein lebenden Gespenst, das die Welt gerne einmal bei Tageslicht sehen würde. Durch einen technischen Fehler schlägt die Rathausuhr um die Mittagszeit Mitternacht, woraufhin das Gespenst tagaktiv wird und allerlei Schabernack treibt. Auch dieses Buch wurde **in zahlreiche Sprachen übersetzt** und kam in die engere Auswahl zum Deutschen Jugendbuchpreis 1967.

Die Abenteuer des starken Wanja

Die Abenteuer des starken Wanja, erschienen 1968, ist ein weiteres, sehr erfolgreiches Buch Preußlers. Wanja ist der dritte Sohn des Bauern Wassili Grigorewitsch. Während die Söhne Grischa und Sascha wohlgeraten sind, ist Wanja faul und verbringt sieben Jahre auf dem Ofen, ohne einen Finger zu rühren. Nach diesen sieben Jahren verlässt Wanja seine Familie und erlebt diverse Abenteuer. In dieses Buch lässt Preußler **russische Sagen und Märchenmotive** einfließen. Neben zahlreichen Übersetzungen in europäische, asiatische und afrikanische Sprachen kam der Roman auf die Auswahlliste zum Deutschen Jugendbuchpreis des Jahres 1969. 1972 wurde er mit dem Silbernen Griffel von Rotterdam ausgezeichnet, 1980 folgte mit dem Libro de interés infantil der Jugendbuchpreis des

---

7   Nacherzählung des Kinderbuches *Kater Mikesch* des tschechischen Autors Josef Lada.

2.3 Angaben und Erläuterungen zu wesentlichen Werken

WESENTLICHE WERKE PREUßLERS

Märchenhaftes

→ *Die kleine Hexe* (1957)

→ *Der Räuber Hotzenplotz* (1962)

→ *Kater Mikesch* (1962)

→ *Das kleine Gespenst* (1966)

Stoffbearbeitungen

→ *Die Abenteuer des starken Wanja* (1968)

→ *Krabat* (1971)

→ *Die Flucht nach Ägypten. Königlich-böhmischer Teil* (1978)

Biografie

→ *Ich bin ein Geschichtenerzähler* (2010)

Ministeriums für Kultur in Madrid, 1988 der El Barco de Vapor, ebenfalls in Madrid.

Eine sorbische Sage ist die Grundlage des bekannten Jugend-buches *Krabat* (1971).

Krabat

In dem Buch für Erwachsene *Die Flucht nach Ägypten – König-lich böhmischer Teil* (1978) greift Preußler auf die Weihnachtsge-schichte zurück und lässt die Heilige Familie via Böhmen nach Ägypten fliehen. Der Roman ist ein **Porträt Böhmens des aus-gehenden 19. Jahrhunderts** mit seinen Menschen des Erz- und Riesengebirges, in ihm finden sich skurrile Figuren wie der Räuber Schmirgelseff, der Kantor Linek und die Sagenfigur Rübezahl.

Die Flucht nach Ägypten – König-lich-böhmischer Teil

Ich bin ein Geschichtenerzähler von 2010 ist eine **Biografie Otfried Preußlers mit autobiografischen Texten**, die seine bei-den Töchter herausgegeben haben. In ihr berichtet er über seine Kindheit in Böhmen, über seine Kriegserlebnisse und über seine Anfänge als Schriftsteller. Er reflektiert über das Alter, erzählt von der Entstehung seiner wichtigsten Romane und von der Verantwor-tung, für Kinder zu schreiben, die er als besonders beschreibt.

Ich bin ein Ge-schichtenerzähler

3. TEXTANALYSE UND -INTERPRETATION

3.1 Entstehung und Quellen

ZUSAMMEN-
FASSUNG

Zu *Krabat* motiviert wurde Preußler durch die Kindheitslektüre der sorbischen Sage.[8] Er recherchierte die historischen Orte in der Lausitz, las über Mühlentechnik und ließ sich von einem Müllermeister über das Leben in einer Mühle berichten.

→ Ende der 1950er-Jahre beginnt Preußler mit seiner Arbeit an *Krabat*.

→ 1971: *Krabat* erscheint erstmals im Arena Verlag, Würzburg. Seitdem wurden zahlreiche Neuauflagen publiziert. Inzwischen erscheint der Roman, wie viele andere Bücher Preußlers, beim Stuttgarter Thienemann Verlag.

Kindheitslektüre

Über die **Entstehungsgeschichte** seines *Krabat* äußerte sich Preußler wie folgt:

„Als Vorlage für meinen *Krabat* habe ich eine alte sorbische Volkserzählung verwendet, die ich bereits als Kind kennengelernt hatte, in einem Sagenbuch der Lausitz aus der Bibliothek meines Vaters. Im Grunde genommen lässt sich die Krabat-Sage auf die uralte Geschichte vom Zweikampf des Zauberlehrlings mit seinem Meister zurückführen, die schon im alten Indien vorkommt und seither immer wieder an den verschiedensten Orten in verschiedenartigsten Überlieferungen auftaucht. Wie alle

---

8   Vgl. Anhang in der Textausgabe S. 259 oder www.krabatregion.de.

3.1 Entstehung und Quellen

richtigen Volkssagen ist auch die Krabat-Sage zeitlich und
geographisch lokalisiert, und zwar spielt sie im ausgehenden
17. Jahrhundert in der schlesischen Oberlausitz, in der Nähe
von Hoyerswerda und Kamenz; und es versteht sich von selbst,
dass ich diese genaue Lokalisierung für meine Geschichte weit-
gehend übernommen habe."[9]

Preußler begann **Ende der 1950er-Jahre** mit der Arbeit an seinem
Roman, die sich mitunter schwierig gestaltete:

„Ich habe am *Krabat* gut zehn Jahre gearbeitet, mit Unterbre-
chungen selbstverständlich, wobei ein Hauptteil der Arbeit vor
allem darin bestanden hat, mir die Grundzüge der Mühlentechnik und des konkreten Lebens auf einer Wassermühle des 17./18.
Jahrhundert möglichst anschaulich zu vergegenwärtigen."[10]

Preußler recherchierte **Geografie und Topografie der Lausitz**, in
der Bibliothek des Braunschweiger Instituts für Mühlentechnik las
er ein **Mühlenbuch von 1735**, das mit seinen zahlreichen technischen Zeichnungen und detaillierten Anleitungen zum Bau und
Betrieb von Mühlen jeglicher Art für seine Arbeit an *Krabat* sehr
hilfreich war. Um das Leben in einer Mühle adäquat beschreiben zu
können, tauschte sich Preußler mit seinem **Freund Michel Jaksch**
aus, der der letzte deutsche Müller auf der böhmischen Hammer-
mühle in Hammer am See war. Die Beschreibung des Lebens in
einer „Schwarzen Schule" entspringt Preußlers Phantasie. Bei der
Wahl der Vornamen der Müllerburschen, die übrigens in der frühen
Fassung der Sage nicht vorkommen, achtete Preußler darauf, dass

Recherchen über
die Lausitz und
Mühlentechnik

––– ––– –––
9   http://www.preussler.de/krabat/zur-entstehung.
10 Ebd.

3.1 Entstehung und Quellen

sie sorbischen Ursprungs sind. Und anders als die Autoren vor ihm reduziert Preußler die von Krabat in der Mühle verbrachte Zeit auf drei Jahre und lässt andere **Sagenmotive**, die ursprünglich nicht der Krabat-Sage enthalten sind, durch **Träume** einfließen. Und er bezieht sich auf eine **historische Gestalt**:

Historischer
Krabat

„Interessant ist der Name ‚Krabat‘, er dürfte aus der verballhornten Bezeichnung ‚Krawatt‘ für ‚Kroate‘ hervorgegangen sein. Sicherlich ist es in diesem Zusammenhang nicht uninteressant zu wissen, dass August der Starke seinerzeit einen kroatischen Obristen seiner Armee, den Herrn Johann von Schadowitz, zum Dank für geleistete Kriegsdienste mit der Herrschaft über das Gut Groß-Särchen belehnt hat, das auch in Krabats Geschichte auftaucht. Krabat hat also in Gestalt jenes kroatischen Obristen wirklich gelebt."[11]

Wirkungsabsicht

Preußler äußerte sich mehrfach zu der von ihm erhofften **Wirkungsabsicht seines Romans**, so auch 1970:

„Was ich mit *Krabat* darzustellen versucht habe, ist die Geschichte eines jungen Menschen, der sich – zunächst aus Neugier und später in der Hoffnung, sich auf diese Weise ein leichtes und schönes Leben sichern zu können – mit bösen Gewalten einlässt und sich darin verstrickt; und wie es ihm schließlich kraft seines Willens, mit dem Beistand eines treuen Freundes und durch die zum letzten Opfer bereite Liebe eines Mädchens gelingt, sich aus der Verstrickung wieder zu lösen. Das war mein

---

11 Dazu siehe Kapitel 5, Materialien, *Die Entstehung der Krabat-Sage und ihre literarische Bearbeitung*, S. 117.

3.1 Entstehung und Quellen

Grundkonzept: Daran sollte man, wie ich meine, den ‚Krabat'
messen." (S. 257)

In einem weiteren Interview stellt Preußler seinen **Roman in einen**   Politischer
politischen Kontext, dem der Zuwendung zum deutschen Faschis-   Kontext
mus:

> „Mein *Krabat* ist keine Geschichte, die sich nur an junge Leute
> wendet, und keine Geschichte für ein ausschließlich erwachse-
> nes Publikum. Es ist die Geschichte eines jungen Menschen, der
> sich mit finsteren Mächten einlässt, von denen er fasziniert ist,
> bis er erkennt, worauf er sich da eingelassen hat. Es ist zugleich
> meine Geschichte, die Geschichte meiner Generation, und es
> ist die Geschichte aller jungen Leute, die mit der Macht und
> ihren Verlockungen in Berührung kommen und sich darin ver-
> stricken."[12]

1971 erschien *Krabat* erstmals im Würzburger Arena Verlag. Es folg-
ten zahlreiche Neuauflagen und **Übersetzungen in über 30 Spra-**
chen. Inzwischen erscheint der Roman bei Thienemann, Stuttgart.

---

[12] http://www.preussler.de/portrait/1970-bis-1979/. Dieses Zitat hat Anlass gegeben, *Krabat* des
      Öfteren mit nationalsozialistischen Hintergrund zu inszenieren oder zu interpretieren: Vgl. zum
      Beispiel https://www.faz.net/aktuell/rhein-main/krabat-wird-in-mainz-inszeniert-16422041.html.
      Preußler legte insgesamt den Schwerpunkt auf die sorbische Sage und weniger auf eine rechts-
      extreme Kontextualisierung.

3.2 Inhaltsangabe

Der Bettlerjunge Krabat wird nachts im Traum zur Mühle nach Schwarzkollm gerufen: Dreimal träumt Krabat den Traum, dann macht er sich auf nach Schwarzkollm und wird auf der Mühle Lehrjunge. Dort lebt Krabat mit dem unheimlichen Meister, zehn Gesellen und dem Altgesell Tonda, mit dem Krabat bald eine enge Freundschaft verbindet. Krabat bemerkt schnell, dass auf der Mühle seltsame Dinge geschehen. Am Karfreitag erfährt Krabat, dass er in einer „Schwarzen Schule" ist. Die Nacht zum Ostersonntag verbringt er mit Tonda an einem Ort namens „Bäumels Tod", wo er um Mitternacht die Stimme einer Sängerin (die Kantorka) hört, die ihn sogleich verzaubert. Sie kehren zur Mühle zurück, wo alle Gesellen dem Meister absoluten Gehorsam schwören müssen. In der Silvesternacht stirbt Tonda unter ungeklärten Umständen.

Krabat wird nach nur einem Jahr in den Gesellenstand erhoben und beobachtet die Vorgänge in der Mühle aufmerksam. Die zweite Osternacht verbringt Krabat zusammen mit Juro. Um Mitternacht hört Krabat erneut die Kantorka singen und verliebt sich schließlich in sie. In der Silvesternacht kommt Krabats Vertrauter Michal ums Leben und in Krabat wächst der Wunsch nach Vergeltung. Michals Vetter Merten versucht vergebens aus der Mühle zu fliehen und sich das Leben zu nehmen. Der Meister stellt klar, dass er bestimmt, wer die Mühle verlässt oder stirbt.

In der Osternacht des dritten Jahres, die Krabat diesmal zusammen mit Lobosch verbringt, nimmt er durch einen Zauber Kontakt mit der Kantorka auf. Juro eröffnet Krabat schließlich,

3.2 Inhaltsangabe

dass der Meister in jeder Silvesternacht einen der Müllerburschen töten muss, will er nicht selbst sterben. Nur durch die
Liebe eines Mädchens, das am Silvesterabend eine Prüfung
besteht, gibt es die Möglichkeit frei zu werden – und gleichzeitig stirbt dann der Meister.
Der Meister hat inzwischen Verdacht geschöpft und über-
wacht Krabat. Schließlich bietet er ihm an, sein Nachfolger
auf der Mühle zu werden. Als Krabat ablehnt, bedroht er ihn
mit dem Tod. In der Silvesternacht erscheint die Kantorka
in der Mühle und bittet den Meister, Krabat freizugeben. Die
Kantorka besteht die Prüfung des Meisters: Alle Gesellen sind
frei und der Meister muss sterben.

Das erste Jahr
Die Mühle im Koselbruch

Der 14-jährige Krabat zieht zusammen mit Lobosch und einem anderen Jungen als Heilige Drei Könige verkleidet in der Region Hoyerswerda bettelnd von Dorf zu Dorf. In einer Nacht träumt Krabat
von elf auf einer Stange sitzenden Raben. Eine Stimme spricht ihn
mit seinem Namen an und fordert ihn auf, zu der Mühle in Schwarzkollm zu kommen. Krabat träumt den Traum noch zweimal, dann
macht er sich auf den Weg. In Schwarzkollm warnt ihn ein alter
Mann vor der Mühle, in der es nicht mit rechten Dingen zugehen
soll.

"zwischen Neujahr und dem Dreikönigstag" (S. 11)

Krabat setzt seinen Weg dennoch fort und erreicht die abwei-
send wirkende Mühle, deren Tür verschlossen ist. Er klopft mehrfach, schließlich drückte er die Klinke nieder und die Tür öffnet
sich. Krabat sieht ein schwaches Licht, das durch einen Türspalt
fällt, schaut durch diesen Spalt und sieht einen bleichen, einäugi-

Unheimlicher Müller

gen Mann, der in einem Buch liest. Der Mann schaut auf und blickt in Krabats Richtung. Plötzlich steht derselbe Mann hinter Krabat und gibt ihm zu verstehen, dass er ihn erwartet hat. Er stellt sich als Meister vor und bietet Krabat an, bei ihm Lehrjunge zu werden. Krabat willigt ein, das Müllerhandwerk und auch „alles andere" (S. 16) zu erlernen. Sie geben sich die Hand und in diesem Augenblick beginnt die Mühle unter Getöse zu arbeiten: Krabat versucht zu fliehen, doch der Mann stellt sich ihm in den Weg.

Elf und einer

Krabat fasst Vertrauen zu Tonda

Der Meister führt Krabat auf den Dachboden, wo die übrigen Müllergesellen ein Zimmer bewohnen. Der Meister weist ihm Bett und Kleidung zu und geht. Die anderen Betten sind leer. Der übermüdete Krabat legt sich hin und schläft sofort ein. Als er von einem Lichtstrahl erwacht, erblickt er elf bleiche Gestalten: Ihr Wortführer ist der „Altgesell" Tonda, der die übrigen Mühlknappen mit Namen vorstellt. Alle kriechen auf ihre Pritschen und schlafen sofort ein.

Mysteriöses Verschwinden von Krabats Vorgänger

Am nächsten Tag nehmen die Gesellen ein gemeinsames Frühstück ein, das Krabat gut schmeckt. Er fasst Vertrauen zu Tonda und betrachtet die übrigen Jungen: Sie sind alle älter als er und er hat den Eindruck, sie würden ihn mitleidig ansehen. Krabat befragt die Gesellen nach den Kleidern, die er auf seiner Pritsche vorgefunden hat. Tonda antwortet, dass sie seinem Vorgänger gehört hätten, der nun „ausgelernt" (S. 19) habe. Bevor Krabat weitere Fragen stellen kann, stürmt der Meister zornig ins Zimmer, und befiehlt den Mühlknappen zu schweigen. Die Jungen essen weiter, doch Krabat hat keinen Appetit mehr. Tonda nickt ihm aufmunternd zu und Krabat ist dankbar für diese Geste.

Tonda hat magische Kräfte

Nach dem Frühstück muss Krabat auf Befehl des Meisters die Mehlkammer auszufegen, was ihm nicht gelingt: Tür und Fenster sind verschlossen und Krabat denkt schon ans Aufgeben. Um die

3.2 Inhaltsangabe

Mittagszeit kommt Tonda und holt ihn zum Essen ab. Erleichtert und erschöpft taumelt Krabat aus der Mehlkammer. Tonda murmelt ein paar unverständliche Worte und plötzlich weht der Mehlstaub durch die Tür hinaus, sehr zur Verwunderung von Krabat.

Kein Honiglecken

Krabat muss auf der Mühle schwer arbeiten und ist abends vollkommen erschöpft. An einem Morgen muss Krabat den Weg zum Brunnen vom Schnee freiräumen. Die Arbeit ist sehr schwer. Tonda kommt hinzu und legt Krabat die Hand auf die Schulter: Sofort fühlt sich Krabat seltsam belebt. Mit neuer Energie will er seine Arbeit fortsetzen, doch Tonda warnt ihn, dass weder der Meister noch Lyschko seine neuen Kräfte bemerken dürfen. Kurz danach erscheint tatsächlich Lyschko, der Krabat anscheinend aushorchen will.

Tonda hilft Krabat

Tonda kommt jetzt häufiger zu Krabat und spendet neue Kräfte. Krabat wundert sich, dass der „dumme" Juro, der für die Hausarbeit zuständig ist, nicht aus der Mühle wegläuft. Doch Juro erzählt ihm, dass man aus der Mühle nicht weglaufen kann, wozu Krabat momentan aber auch keinen Grund sieht.

Dummkopf Juro?

Wege im Traum

Ein Jahr vorher waren Krabats Eltern an der Pest gestorben und der Pfarrer und seine Frau hatten ihn aufgenommen. Nach zwei Wochen schon war er dort weggelaufen und Bettler geworden. In der Mühle auf seiner Pritsche liegend überlegt er, dem Meister frühestens im Sommer davonzulaufen.

In der Nacht träumt er, dass es Sommer ist und er dem Meister davonzulaufen versucht. Auf seiner Flucht trifft er mehrere einäugige Tiere, die ihn beobachten. Krabat kommt an Tondas Grab vorbei und auch dort sitzt ein einäugiger Rabe. Er läuft weiter und trifft wieder-

Krabat träumt von der unmöglichen Flucht aus der Mühle

3.2 Inhaltsangabe

*um auf die Mühle und der Meister begrüßt Krabat spöttisch. Auch
seine nächsten Fluchtversuche scheitern. In der Küche trifft er auf
Juro. Ihm sagt er, dass man wirklich nicht weglaufen kann. Juro lässt
Krabat Wasser zum Waschen ein und fragt ihn, ob sie es nicht einmal
zusammen versuchen sollen.*

Krabat erwacht vom Lärm der Gesellen, die die Treppe hinauf-
kommen. Am nächsten Tag erzählt er Juro, dass er von ihm geträumt
hat.

Der mit der Hahnenfeder

Zahn- und
Knochenreste am
Toten Gang

Von den sieben Mahlgängen werden in der Mühle nur sechs benutzt.
Den siebten, nie benutzten Mahlgang nennen sie den „Toten Gang".
Eines Morgens entdeckt Krabat dort Zähne und Knochensplitter.
Tonda fordert ihn auf, das Gesehene zu vergessen.

Im Februar muss das Eis vom Mühlrad geschlagen werden. Tonda übernimmt für Krabat diese gefährliche Arbeit – was Lyschko
bissig kommentiert. Juro stolpert anschließend mit einem Eimer
Schweinefutter und übergießt Lyschko damit „aus Versehen".

Ein mysteriöser
Fremder

Krabat fragt sich mit der Zeit, warum in der Mühle keine Mahl-
gäste erscheinen. *In einer Märznacht träumt Krabat, dass die Mühle
brennt und er sich nicht bewegen kann.* Er erwacht aus diesem Albtraum und registriert die leeren Betten der Müllergesellen und ein
zuckendes rotes Licht, das durch das Giebelfenster scheint: Durch
das Fenster erblickt er ein von sechs schwarzen Pferden gezoge-
nes Fuhrwerk mit einem Mann auf dem Kutschbock, der eine rote
Hahnenfeder am Hut hat, die zu leuchten scheint. Krabat beobachtet die Gesellen und den Meister, die hastig arbeiten. Dann setzt
der Meister die Mühle in Gang und Krabat registriert, dass nur der
„Tote Gang" läuft. Schließlich tragen die Gesellen die Säcke mit dem
Mahlgut zurück zum Fuhrwerk, während Krabat darüber einschläft.
Am frühen Morgen fährt das Fuhrwerk davon, wobei es im nassen

3.2 Inhaltsangabe

Gras keine Spuren hinterlässt. Vollkommen erschöpft erscheinen die Gesellen: „Kito murmelt etwas von dreimal verfluchten Neumondnächten" (S. 37).

Beim Frühstück sind die Gesellen übernächtigt. Krabat gibt Tonda gegenüber zu, dass er das nächtliche Treiben beobachtet hat. Tonda vertröstet ihn, dass Krabat bald die Zusammenhänge erfahren wird.

Geheimnisse vor Krabat

Husch, auf die Stange!

Am Abend des Karfreitags sitzen die Mühlknappen in der Gesindestube, als der Meister Krabat zu sich ruft. Der Meister sitzt in der Schwarzen Kammer über einem großen Buch. Die elf Gesellen werden vom Meister in Raben verwandelt. Krabat erfährt, dass seine Probezeit nun vorüber ist und er jetzt Schüler in der „Schwarzen Schule" wird, in der man zaubern lernen kann. Krabat wird ebenfalls in einen Raben verwandelt und fliegt auf die Stange zu den anderen. Er erfährt, dass das Buch auf dem Tisch ein „Koraktor" ist, in dem sämtliche Zaubersprüche der Welt stehen und in dem nur der Meister lesen darf.

Die Mühle ist eine „Schwarze Schule"

Der Meister liest einen Text vor, mit dessen Hilfe man Brunnen trockenlegen kann. Dreimal liest er Text und Zauberformel vor, dann müssen die Raben das Gehörte wiederholen. Als Krabat an der Reihe ist, kann er das Gehörte nicht aufsagen. Der Meister reagiert überraschend milde und beendet die Lehrstunde. Die Tür öffnet sich, die Raben fliegen in den Flur und nehmen wieder Menschengestalt an. Als Krabat in die Schlafkammer steigt, fühlt er sich wie nach einem „wirren Traum".

Erster Zauberunterricht für Krabat

Das Mal der Geheimen Bruderschaft

Am Karsamstag dürfen sich die Jungen ausruhen. In der Nacht zum Ostersonntag schließlich erscheint der Meister in der Gesindestube

Heidnisches Osterritual

3.2   Inhaltsangabe

und fordert die Jungen auf, sich „das Mal zu holen" (S. 45) und zählt sie paarweise aus. Der Meister spricht eine Art heidnischen Segen, dann geht er. Tonda, der mit Krabat ein Paar bildet, holt zwei Wolldecken aus dem Schuppen und zusammen gehen sie durch den Wald auf die Heide zu „Bäumels Tod" (S. 46). Tonda erklärt Krabat, dass an dieser Stelle einst ein Holzfäller namens Bäumel tödlich verunglückte. Sie zünden ein Feuer an und wachen unter dem Kreuz.

Krabat hört die Kantorka

Krabat befragt Tonda nach der Schwarzen Schule, doch Tonda antwortet einsilbig und schweigt dann. Als um Mitternacht die Glocken in den umliegenden Kirchdörfern zu läuten beginnen, erwacht Tonda aus seiner Trance. In Schwarzkollm beginnt ein Mädchen als Vorsängerin (Kantorka) ein Osterlied zu singen, begleitet von anderen Mädchen. Krabat kennt das Lied, aber ihm ist, als würde er das Lied zum ersten Mal hören.

Tonda erzählt von seinem Mädchen Worschula, welches vor sechs Monaten gestorben war. Er rät Krabat eindringlich, nie den Namen seiner Freundin preiszugeben, sollte er einmal eine haben.

Aufnahme in die Geheime Bruderschaft

Am Morgen löst Tonda zwei Holzspäne aus dem Kreuz und lässt sie an beiden Enden ankohlen. Er zeigt Krabat, wie man einen Drudenfuß zeichnet und lässt sich von Krabat einen auf seine Stirn zeichnen. Dazu muss Krabat einen Spruch nachsprechen, den Tonda ihm vorsagt. Tonda wiederum tut es Krabat gleich und zeichnet ihm einen Drudenfuß auf seine Stirn. Schließlich geben sie sich den Osterkuss, scharren Sand auf die Feuerstelle und machen sich auf den Heimweg. Tonda und Krabat verstecken sich vor den Mädchen, die Osterwasser aus einer Quelle geholt haben.

Gedenke, dass ich der Meister bin

Ein Gelöbnis und eine Feier

Der Meister empfängt sie mit einem vor der Haustür angebrachten Ochsenjoch. Die Gesellen müssen darunter hindurchgehen und

3.2 Inhaltsangabe

Drudenfuß: Das umgekehrte Pentagramm – zwei „Zacken" nach oben – gilt als Zeichen des Satanismus und Okkultismus.
© picture alliance/dpa

sagen, dass sie sich „unter das Joch der Geheimen Bruderschaft" (S. 53) beugen. Der Meister gibt jedem von ihnen einen Backenstreich auf beide Wangen und schließlich müssen die Gesellen sagen, dass sie daran denken, dass sie die Schüler sind und er der Meister. Nach diesem Ritual läuft die Mühle an und sie gehen an die Arbeit, die für alle ungemein anstrengend ist. Die Drudenfüße auf der Stirn lösen sich durch den Schweiß langsam auf und plötzlich fühlt sich Krabat kraftvoll und vital. Auch die übrigen Gesellen sind voller Tatkraft. Tonda stellt schließlich das Mahlwerk ab und sie gehen zum Feiern mit Wein, Osterküchlein, Tanz und Gesang. Auch Krabat singt und bemerkt, dass sein Stimmbruch vorüber ist.

3.2 Inhaltsangabe

Krabat muss an die Kantorka denken

Am Ostermorgen müssen die Gesellen wieder arbeiten, doch Krabat geht die Arbeit nun leicht von der Hand. Er spricht mit Tonda darüber (S. 57). Über die Osternacht und Worschula reden beide nicht mehr. Wenn Krabat an Worschula denkt, fällt ihm die Stimme der Kantorka ein, die er nicht vergessen kann. Freitags verwandeln sich die Gesellen abends in schwarze Raben und lassen sich in der Schwarzen Kammer nieder, wo der Meister aus dem Zauberbuch vorliest. Krabat lernt sehr eifrig, denn er hat begriffen, dass magisches Wissen Macht bedeutet (S. 58).

Angst vor dem Gevatter

In der nächsten Neumondnacht erscheint der Mann mit der Hahnenfeder wieder. Der Meister treibt die Gesellen zur Arbeit an, er selbst beteiligt sich diesmal nicht. Wie vor vier Wochen werden die Säcke zum Toten Gang geschleppt, der Inhalt dort gemahlen und wieder zum Fuhrwerk des Fremden gebracht. Beim ersten Hahnenschrei ist die Arbeit beendet, der Fremde verschwindet. Tonda erklärt Krabat, dass der Fremde jede Neumondnacht erscheint, dass der Meister ihn „Gevatter" (S. 60) nennt und Angst vor ihm hat. Nachdem es nun mit Krabat wieder zwölf Mühlknappen sind, musste der Meister diesmal nicht mitarbeiten.

Ochsenblaschke aus Kamenz

Tondas und Andruschs Verwandlungskünste

An einem Julitag gehen Tonda, Andrusch und Krabat im Auftrag des Meisters zum Viehmarkt nach Wittichenau. Plötzlich verwandelt sich Andrusch in einen gut genährten Ochsen, Tonda in einen alten Bauern. Krabat ist sehr überrascht, doch er versteht, dass Andrusch als Ochse verkauft werden soll. Tonda erklärt Krabat, dass Andrusch sich zurückverwandeln kann, wenn sie den Kopfstrick behalten. Auf dem Viehmarkt wird der Ochse sehr bewundert und Tonda handelt mit dem gerissenen Viehhändler Ochsenblaschke aus Kamenz schließlich 30 Gulden aus und behält den Kopfstrick des Ochsen. Tonda und Krabat kaufen Brot und Speck und warten

3.2   Inhaltsangabe

am Waldrand auf Andrusch. Als dieser kommt, berichtet er von seinen Erlebnissen, und Krabat findet Zaubern spaßig. Tonda erwidert ernst, dass es spaßig sein kann.

Feldmusik

An einem Abend im Frühherbst – der Meister ist ein paar Tage außer Haus – verläuft sich ein Trupp Werber zur Mühle: Sie wollen Soldaten für das Heer August I., der in einen Krieg mit dem schwedischen König Karl XII. verwickelt ist[13], anwerben. Die Gesellen erlauben sich einige Späße mit den Werbern und lassen sich zum Schein rekrutieren. Der Korporal prüft den Sitz ihrer Schneidezähne, dabei bricht er Andruschs Schneidezähne ab, der sie sich anschließend wieder fest einsetzt, was der Korporal erneut prüft. Der Korporal erklärt daraufhin, dass dies nicht mit rechten Dingen zugehen kann. Auch der Leutnant ist skeptisch und sie wollen sich die Angelegenheit am nächsten Tag noch einmal vornehmen.

Derber Spaß mit königlichen Werbern

Der Leutnant erwacht statt im Bett in einer Kiste voller Runkelrüben, der Korporal findet sich im Schweinetrog wieder. Die Offiziere fordern die Gesellen zum Abmarsch auf, auch Andrusch, dessen Zähne nach erneutem Prüfen fest sitzen, wird für diensttauglich erklärt. Sie marschieren zum Regiment nach Kamenz. Der Weg dorthin ist für die Soldaten beschwerlich, denn sie haben Verdauungsbeschwerden. Die Gesellen imitieren nun verschiedene Blasinstrumente und blasen sehr zum Ärger der Soldaten den schwedischen Grenadiermarsch – die Werber können nichts dagegen tun. Schließlich gelangt der Trupp nach Kamenz und erregt dort viel Aufsehen und Gelächter. Der Obrist Christian Leberecht Fürchtegott Edler von Landtschaden-Pummerstorff erscheint und will die-

Spott über die kurfürstliche Armee

---

13   Dazu siehe Kapitel 2.2, Zeitgeschichtlicher Hintergrund, Der Große Nordische Krieg 1700 bis 1721, S. 13.

3.2 Inhaltsangabe

sem Schauspiel ein Ende bereiten. Andrusch spielt nun noch den Defiliermarsch der schwedischen Kavallerie. Nachdem sie das Konzert beendet und den Obristen noch verspottet haben, verwandeln sich die Müllergesellen in Raben und fliegen davon, wobei sie dem Obristen auf Hut und Schultern kacken.

Das Andenken

Im Koselbruch

An einem Oktobertag fahren Tonda, Krabat, Juro und Staschko in den Koselbruch, um Torf zu stechen. Sie bauen einen Brettersteg bis zum Torfplatz, wobei ihnen jedoch einige Bretter fehlen. Staschko zaubert längere Bretter und Krabat fragt, warum sie nicht alle Aufgaben mit Zauberkraft erledigen können. Tonda erwidert, dass man arbeiten muss, wenn man nicht „vor die Hunde gehen" will (S. 81).

Böses Omen

Krabat will Pilze suchen und Tonda leiht ihm sein Messer: Als Tonda die Klinge herausschnappen lässt, ist sie schwärzlich verfärbt; als Krabat es wiederholt, ist die Klinge blank. Die Jungen besuchen den Torfbruch viermal und an keinem der Tage findet Krabat Pilze. Staschko zaubert schließlich welche herbei, doch als Krabat sie abschneiden will, verschwinden sie wieder im Waldboden. Staschko tröstet ihn damit, dass die herbeigezauberten Pilze ungenießbar seien.

Tondas Ahnung: Er schenkt Krabat sein Messer

Am Abend des vierten Tages fahren Staschko und Juro mit dem Fuhrwerk zurück zur Mühle, während Tonda und Krabat zu Fuß gehen. Die Gesellen mögen die Gegend, den Wüsten Plan, nicht und Krabat denkt an seinen Traum, in dem er Tondas Grab gesehen hatte. Tonda will Krabat sein Klappmesser als Andenken schenken. Krabat möchte, dass Tonda auf der Mühle bleibt. Tonda erwidert, dass man mit manchem einfach fertig werden muss. Inzwischen haben sie ein Gräberfeld erreicht und Tonda fordert Krabat auf, das Messer zu nehmen, welches die Klinge bei ernster Gefahr verfärbt.

3.2 Inhaltsangabe

Ohne Pastor und Kreuz

Inzwischen ist es Winter und die Laune der Gesellen wird zunehmend gereizter. Tonda wirkt sehr bedrückt. Auch an den Weihnachtstagen müssen die Gesellen arbeiten. Krabat will sie aufheitern und schmückt den Tisch mit frischen Tannenzweigen. Als die Gesellen das sehen, reagieren sie ungehalten, was Krabat sehr irritiert. Tonda erklärt ihm, dass sie alle Angst haben.

Bedrückter Tonda

Am Silvesterabend gehen die Gesellen zeitig zu Bett. Als Krabat eine gute Nacht wünscht, werfen sie mit Schuhen nach ihm. Tonda schreitet ein und fordert Krabat auf, sich hinzulegen: Er legt ihm die Hand auf die Stirn und wünscht ihm einen guten Übergang ins neue Jahr. Um Mitternacht erwachen die Gesellen, im Haus ertönt plötzlich Gepolter und ein Schrei. Krabat läuft zur Tür und will sie öffnen, doch sie ist verriegelt. Tondas Pritsche ist leer. Juro beruhigt Krabat und fordert ihn auf, sich hinzulegen und nicht zu weinen.

Tonda verabschiedet sich von Krabat

Am Morgen finden sie Tonda tot am Fuß der Treppe (S. 89). Während die Gesellen nicht überrascht scheinen, ist Krabat außer sich vor Trauer. Am Nachmittag begraben sie Tonda schnell in Abwesenheit des Meisters in einem bereits vorbereiteten Grab auf dem Wüsten Plan. Krabat will ein Vaterunser beten – doch ihm fallen die Worte nicht ein.

Tonda ist tot

Das zweite Jahr
Nach Mühlenordnung und Zunftgebrauch

Der Meister ist verschwunden, die Mühle steht still und die Gesellen schlagen die Zeit tot: Über Tondas Tod verlieren sie kein Wort. Krabat ist sehr traurig und fühlt sich einsam.

Nachdenklicher Krabat

Am Vorabend des Dreikönigstages[14] taucht der Meister wieder auf und befiehlt ihnen, an die Arbeit zu gehen. Hanzo, den die

Neuzugang Witko

---

14 6. Januar.

3.2 Inhaltsangabe

Müllergesellen nach Tondas Tod zum Altgesellen befördert hatten, mahnt sie zur Eile. Als die Mühle anläuft, sind die Gesellen erleichtert. Für Krabat ist die laufende Mühle ein Zeichen dafür, dass die Zeit weitergeht (S. 97). Als sie um Mitternacht in den Schlafraum kommen, sehen sie auf Tondas Pritsche einen schmächtigen, rothaarigen Jungen liegen, der sich als Witko vorstellt. Witko erscheint am nächsten Morgen zum Frühstück in Tondas Kleidern, die ihm wie angegossen passen.

Krabat wird Geselle

Am Abend – Witko hat den ganzen Tag die Mehlkammer gefegt und schläft bereits – müssen die Gesellen zum Meister: In einem Ritual wird Krabat zu seiner Überraschung bereits nach einem Jahr Lehrzeit freigesprochen. Verwirrt verlässt er als Letzter den Raum, als ihm plötzlich ein Mehlsack übergestülpt und er gepackt wird. Bester Stimmung schleppen ihn die Gesellen in die Mahlstube, werfen ihn in die Mehlkiste und kneten ihn wie einen Brotteig. Schließlich lassen sie von Krabat ab: Sie feiern und trinken auf seine Gesundheit. Krabat setzt sich abseits auf einen Sack, um sich zu sammeln. Michal kommt hinzu und Krabat kann fragen, warum er schon freigesprochen werden konnte. Michal erklärt dem ungläubigen Krabat, dass das erste Jahr in der Mühle dreifach gezählt wird.

Ein milder Winter

Witko muss oft Schnee forträumen. Krabat beobachtet den dürren Jungen und kommt zu dem Schluss, dass Michal mit der dreifachen Zeitrechnung richtig liegen muss: er spürt seinen kraftvollen Körper, registriert seine tiefere Stimme und einen Anflug von Bartwuchs. Häufig denkt er an Tonda, den er sehr vermisst. Zwei Versuche, sein Grab zu besuchen, misslingen. Eines Nachts träumt Krabat von Tonda:

Krabat träumt von Tonda

Krabat träumt, dass er auf dem Weg zum Wüsten Plan ist. Im Nebel sieht er eine laufende Gestalt, die Tonda gleicht. In der Tat

3.2   Inhaltsangabe

ist es Tonda, doch er dreht Krabat den Rücken zu, beide trennt ein
tiefer Graben. Krabat möchte wissen, warum Tonda davonläuft. Tonda
antwortet, dass er „am anderen Ufer" (S. 103) ist und gewährt ihm
drei Fragen. Krabat fragt zuerst, wer schuld an seinem Tod sei: Tonda
gibt überwiegend sich selbst die Schuld. Krabat will ferner wissen, wer
an seinem Tod beteiligt war: Tonda antwortet, dass Krabat es erfahren
wird, wenn er die Vorgänge in der Mühle aufmerksam beobachtet.
In der dritten Frage klagt Krabat über seine Einsamkeit und möchte
wissen, wem er trauen kann. Tonda antwortet, dass Krabat dem Ersten
vertrauen soll, der ihn mit seinem Namen ruft. Dann verschwindet
Tonda langsam im Nebel.

Krabat hört seinen Namen mit der Aufforderung, dass er aufwa-
chen soll: Michal und Juro stehen an seiner Pritsche. Krabat will
wissen, wer von ihnen gerufen hat. Michal und Juro wissen nicht
mehr, wer zuerst gerufen hat. Krabat vermutet, dass Michal es war,
da er Juro zwar für nett, aber dumm hält. Hat er Fragen oder braucht
er einen Rat, wendet er sich von nun an Michal. Als er einmal über
Tonda reden möchte, weist dieser ihn ab. Krabat sieht bei Michal
ähnliche Verhaltensweisen wie bei Tonda und vermutet, dass Michal heimlich Witko unterstützt.

In der Woche nach Lichtmess arbeiten sie im Wald. Am Abend   Im Februar
müssen die Gesellen ihre nassen Stiefel mit Talg einreiben. Diese
lästige Arbeit erledigen alle selbst, nur Lyschko beauftragt Witko
damit, woraufhin Michal Lyschko zur Rede stellt.

Am nächsten Freitag bekommt Michal Ärger: Der Meister rügt   Michal wird vom
ihn, weil er verbotenerweise Witko unterstützt. Michal begründet   Meister gefoltert
sein Verhalten mit Mitleid, was den Meister wütend macht: Er
kündigt Michal eine Lektion an und wirft die anderen Gesellen aus
der Kammer. In der Nacht hören die Mühlknappen unheimliche
Geräusche, irgendwann dann erscheint Michal in bedenklichem
Zustand und will nur noch seine Ruhe. Am nächsten Tag über-

3.2   Inhaltsangabe

legen die Jungen, wie sie sich an Lyschko, den sie für den Verräter halten, rächen können, doch Michal bittet sie, auf Rache zu verzichten.

Vivat Augustus!
Lyschko wird von den Gesellen ignoriert und bekommt sogar einen eigenen Napf, damit niemand mit ihm aus einer Schüssel essen muss.

Fliegend auf dem Weg nach Dresden

Am Abend des Josephitags verlangt der Meister eilig nach der Reisekutsche, obwohl es stark regnet. Krabat und Petar machen die Kutsche fahrbereit. Der Meister lädt Krabat ein, mit ihm zu fahren. Überrascht klettert Krabat auf den Kutschbock. Der Meister gibt ihm Peitsche und Zügel und drängt zur Eile, damit sie in einer Stunde in Dresden sein können. Krabat gibt sein Bestes, doch dem Meister geht es zu langsam und er übernimmt selbst die Zügel. Mit hohem Tempo preschen sie durch die Nacht. Doch Krabat hört weder Hufschlag noch das Poltern der Wagenräder. Plötzlich gibt es einen Stoß. Krabat will von der Kutsche steigen und schauen, was geschehen ist. Rüde reißt ihn der Meister zurück und deutet nach unten: Krabat sieht Kamenz unter sich; die Kutsche hängt am Kirchturm fest. Der Meister treibt die Pferde an und schließlich setzt die Kutsche ihren Weg fort.

Audienz bei August I.

In Dresden hält der Meister vor dem Schloss und geht zusammen mit Krabat zum Portal. Ein Offizier stellt sich ihnen in den Weg, der Meister schiebt ihn einfach zur Seite und lässt ihn schließlich erstarren. Im Schloss ist Krabat geblendet von der Pracht und schämt sich seines Mühlenkittels, als er bei einem Blick in den Spiegel sein Antlitz sieht: in einen schwarzen Waffenrock gekleidet, mit hohen Lederstiefeln, dazu einen Degen, einen Dreispitz und sogar eine weiß gepuderte Perücke. Sie gelangen in einen Vorsaal. Ein Kammerherr erscheint und teilt dem Meister mit, dass der Kurfürst

3.2 Inhaltsangabe

ihn erwartet. Krabat soll im Vorsaal warten, wo er zwischen Wein und Schokolade wählen kann. Krabat entscheidet sich für Wein, während der Meister zum Kurfürsten geht, um ihn im Krieg gegen die Schweden zu beraten. Um Mitternacht kehrt der Meister mit dem Kurfürsten zurück, die anwesenden Offiziere erheben ihr Glas auf die Fortführung des Kriegs gegen die Schweden.

Der Meister und Krabat verlassen das Schloss. Am Portal nimmt Krabat den Zauber von dem Soldaten. Sie steigen in die bereits vorgefahrene Kutsche und Krabat bemerkt, dass er wieder seine Gesellenkleidung trägt. Auf dem Heimflug denkt Krabat darüber nach, wie machtvoll die Schwarze Kunst doch ist und dass man es mit ihrer Hilfe weit bringen kann.

Im Schein einer Osterkerze

Es ist Ostern. Witko wird in die Schwarze Schule aufgenommen und wie im Jahr zuvor müssen die Jungen paarweise die Nacht auf den Ostersonntag verbringen. In diesem Jahr werden Krabat und Juro einander zugeteilt. Sie gehen zu „Bäumels Tod" und entfachen ein Feuer. Während Juro ununterbrochen redet, schweigt Krabat. Er denkt an Tonda und die Kantorka.

Mit Juro bei Bäumels Tod

Um Mitternacht läuten die Glocken und in Schwarzkollm beginnt die Kantorka zu singen. Krabat erkennt ihre Stimme sofort. Er geht aus seinem Körper heraus und gelangt nach Schwarzkollm. Für die anderen ist er unsichtbar, er selbst sieht und hört alles. Obwohl er dringend in seinen Körper zurückkehren muss, schafft er es nicht, sich vom Anblick der Kantorka zu lösen. Plötzlich verspürt er einen brennenden Schmerz und kehrt in seinen Körper zurück. Auf seiner Hand liegt ein glimmendes Holzstück, das Juro hat fallen lassen. Durch den Schmerz wurde Krabat mit sich wiedervereinigt, worüber Krabat sehr froh ist. Sie schneiden sich Holzspäne zurecht, halten sie ins Feuer und versehen sich gegenseitig mit dem Pentagramm.

Krabat verliebt sich in die Kantorka

3.2 Inhaltsangabe

Als sie auf dem Heimweg den Mädchen mit ihren Krügen begegnen, verstecken sie sich.

Geschichten von Pumphutt

Krabat muss an die Kantorka denken

Wie im Vorjahr empfängt der Meister die Gesellen unter dem Ochsenjoch und sie müssen ihren Eid leisten. Krabat denkt an die Augen der Kantorka. Nach dem Gelöbnis gehen die Jungen an die Arbeit. Bei Witko verschwindet der Drudenfuß zuerst, er jubelt. Krabat in seiner Zerstreutheit will weiterarbeiten und bekommt von Juro einen schmerzhaften Stoß.

Der berühmte Pumphutt: Magier mit sozialem Gewissen

Die Mühlknappen sitzen bei Tisch und lassen es sich gutgehen. Dann erzählt Andrusch eine Geschichte über Pumphutt, den Müllergesellen und Magier. Andrusch trägt vor, wie Pumphutt zum Obermüller von Schleife gekommen war, einem geizigen Mann, der seine Gesellen hungern ließ. Pumphutt traf dort auf zwei Gesellen und einen Lehrling, die alle unterernährt waren. Als sie zwei Wochen später bei Tisch saßen und der Obermüller abermals eine dünne Suppe auftischte, forderte Pumphutt ihn auf, selbst von der Suppe zu essen. Der Müller stellte sich grinsend taub. Daraufhin schlug Pumphutt mit der flachen Hand auf den Tisch, woraufhin die Mühle ihre Arbeit einstellte. Pumphutt machte dem Müller klar, dass er die Mühle angehalten hatte, und nannte seinen Namen. Der Obermüller bekam Angst und ließ sich von Pumphutt einen neuen Vertrag aufzwingen. Erst dann setzte Pumphutt die Mühle wieder in Gang. Seitdem werden die Gesellen bei dem Obermüller von Schleife gut ernährt.

Krabat überlegt, ob Pumphutt dem Meister überlegen sein könnte

Den Gesellen gefällt diese Geschichte und sie fordern Andrusch auf, weitere zu erzählen. Andrusch berichtet von Pumphutts ähnlichen Auftritten in anderen Städten. Krabat denkt an seine Reise mit dem Meister nach Dresden und er fragt sich, wer bei einem Zusammentreffen des Meisters mit Pumphutt wohl der Überlegene wäre.

3.2   Inhaltsangabe

Pferdehandel

Nach Ostern müssen Staschko, Kito und Krabat das Holzwerk der
Mühle ausbessern. Die anspruchsvolle Arbeit erfreut Krabat, denn
dann muss er nicht immer an die Kantorka denken und fürchten,
dass die anderen es ihm anmerken.

Inzwischen beherrscht Krabat die schwarze Magie gut und wird
selbst vom Meister dafür gelobt. Um zu üben, schickt der Meister
Krabat und Juro nach Wittichenau, wo Juro als Rappe verkauft werden soll. Juro hat Angst: „Ich glaube fast, der Meister hat mir das
eingebrockt, um mich loszuwerden." (S. 135) Krabat hat Mitleid
mit Juro und bietet ihm einen Rollentausch an. Krabat schärft Juro
eindringlich ein, dass er ihn nicht unter 50 Gulden verkaufen darf,
und dass er ihm unbedingt den Halfter abnehmen muss, da er sonst
ein Pferd bleiben wird.

*Ein Schein-
geschäft mit
Rollentausch*

In Wittichenau angekommen erregt das Pferd großes Interesse.
Juro hat schon einen Käufer, als sich ein anderer Interessent ein-
mischt und 100 Gulden bietet. Krabat erkennt sofort den Meister,
doch Juro macht den Handel perfekt. Der Meister steigt aufs Pferd
und stößt Krabat bösartig die Sporen in die Seite. Er verweigert
die Herausgabe des Halfters und reitet davon. Der Meister schlägt
Krabat mit der Peitsche und erteilt Krabat eine schmerzhafte Lektion. Als Krabat schließlich aufgibt, lässt der Meister Krabat halten
und steigt ab. Er nimmt ihm den Halfter ab und Krabat verwandelt
sich zurück, doch er ist gezeichnet von den Peitschenschlägen. Der
Meister fordert ihn auf, zukünftig gehorsam zu sein, empfiehlt ihm
Rache an Juro zu nehmen, verwandelt sich in einen Habicht und
fliegt davon.

*Die Rache des
Meisters*

Schmerzgeplagt humpelt Krabat Richtung Mühle. Als er rastet,
taucht Juro auf, der mit einer Tracht Prügel rechnet, worauf Krabat
aber verzichtet. Gemeinsam sitzen sie am Boden, Juro zieht mit
einem Holzstück einen Kreis um den Sitzplatz. In den Kreis zeichnet

*Juros wunder-
same Heilsalbe*

3.2 Inhaltsangabe

er drei Kreuze und einen Drudenfuß, laut Juro ein Schutz gegen Mücken und Schmeißfliegen. Juro trägt auf Krabats Rücken eine Salbe auf und schnell verschwinden die Schmerzen und die Haut regeneriert sich. Sie machen sich zusammen auf den Heimweg. Kurz vor der Mühle beginnt Juro zu humpeln und bittet Krabat, es ihm gleichzutun: Der Meister soll nichts von der Salbe wissen und denken, dass Krabat Juro verprügelt habe.

Wein und Wasser

Juni

Ende Juni beginnen die Gesellen mit dem Bau eines neuen Wasserrads. Krabat muss wiederholt an die Kantorka denken, von der er nicht einmal den Namen kennt: Aber dann kann er ihn auch nicht versehentlich ausplaudern.

Krabat rechnet mit einem weiteren Todesfall

Krabat besucht im Morgengrauen mit ein paar gepflückten Kuckucksblumen[15] den Wüsten Plan und kann sich nicht erinnern, wo sie Tonda beerdigt haben. Er legt an jedem Grabhügel eine Blume ab. Eine Blume bleibt übrig, die Krabat für den Nächsten fallen lässt, der hier beerdigt wird. Zurück in der Mühle spricht ihn am Abend Michal unter vier Augen an. Krabat muss ihm versprechen, dass auch für ihn in Zukunft die Toten tot sind.

Erfolgreicher Radhub

Drei Wochen später ist das neue Wasserrad fertig. Zum Radhub werden keine Müller der Umgebung eingeladen, wie es Brauch wäre. Am Tag des Radhubs läuft alles nach Plan, Staschko gibt Anweisungen. Andrusch erklärt plötzlich, dass das Rad nicht passt, nur um Andrusch zu veralbern. Schließlich wird das Mühlrad vom Meister eingeweiht und dreht sich im Wasser wie geplant.

Der Meister erzählt von seinem Freund Jirko

Die Gesellen feiern auf dem Mühlplatz und selbst der Meister ist guter Laune, lobt Staschko für seine Arbeit und sogar zu Juro ist er

---

15 Aberglaube: Am Johannistag (Ende Juni, vgl. *Krabat*) ausgegrabene Kuckucksblumen galten angeblich als Glücksbringer.

3.2 Inhaltsangabe

nett. Dann erzählt er einiges von seinem Freund Jirko. Schließlich fragt Michal, was aus Jirko geworden ist. „Ich habe ihn umgebracht [...]", antwortet der Meister und betrinkt sich bis zur Besinnungslosigkeit (S. 150).

Hahnenkampf

Zuweilen kommen wandernde Müllergesellen zur Mühle am Koselbruch und bitten um Verkostung und Übernachtung, wie es Brauch ist. Der Meister, der keine „Schnüffler" (S. 151) auf der Mühle will, kommt der Bitte allerdings nie nach und jagt die Gesellen davon.

An einem heißen Sommertag steht plötzlich ein etwas älterer Geselle vor dem im Gras liegenden Krabat und will zum Meister. Krabat ist zu träge und beschreibt dem Unbekannten lediglich den Weg zur Meisterstube. Doch der Unbekannte zwingt Krabat irgendwie aufzustehen und ihn zum Meister zu bringen. Dort bittet der Fremde um Essen und Unterkunft, doch der Meister droht wie gewohnt mit den Hunden. Der Mann reagiert vollkommen gelassen und setzt sich zur Überraschung Krabats. Der Unbekannte und der Meister sitzen sich nun gegenüber und starren sich an, nach und nach kommen die anderen Gesellen hinzu. Der Unbekannte spuckt auf den Tisch und eine rote Maus erscheint. Der Meister spuckt ebenfalls und eine schwarze Maus erscheint: Die Mäuse kämpfen. Aus den Mäusen werden Kater und schließlich Hähne, wobei der rote Hahn des Fremden den schwarzen so lange mit seinem Schnabel malträtiert, bis der schließlich flieht. Nachdem der Meister den Zweikampf gegen den Unbekannten verloren hat, fordert dieser Essen und Wein. Der Meister serviert beides selbst und zähneknirschend. Die Gesellen schauen dem Schauspiel fasziniert zu. Schließlich trinkt der Fremde auf das Wohl der Gesellen und rät dem Meister, zukünftig genau darauf zu achten, wem er die Tür weist: Er gibt sich als Pumphutt zu erkennen und verlässt die Mühle.

Besuch vom
Pumphutt

1 SCHNELLÜBERSICHT   2 OTFRIED PREUßLER:
LEBEN UND WERK   3 TEXTANALYSE UND
-INTERPRETATION

3.2   Inhaltsangabe

Die Rache des
Meisters an den
Gesellen

Der Meister schließt sich drei Tage und Nächte in der Schwarzen Kammer ein. Am Abend des vierten Tages erscheint der nach Alkohol riechende Meister und treibt die Mühlknappen vom Abendbrot fort an die Arbeit. Die ganze Nacht hindurch müssen sie schuften, rücksichtslos angetrieben vom Meister. Dies wiederholt sich viele Nächte – außer in der Nacht von Freitag auf Samstag, an denen sie in Zauberei unterrichtet werden – bis zur Neumondnacht im September. Der erschöpfte Witko bricht da unter der Arbeit zusammen. Als Michal ihm helfen will, kommt es zum Disput mit dem Meister, der Michal mit der Peitsche schlägt. Da fordert der Mann mit der Hahnenfeder den Meister mit unheimlicher Stimme auf, das zu unterlassen. Michal bringt Witko ins Bett und der Meister muss mitarbeiten – sehr zur Freude der Gesellen.

Am Ende der Reihe

Krabat begegnet
der Kantorka

Nach Neumond arbeiten die Jungen wieder tagsüber, in der Nacht haben sie Ruhe und lernen eifrig ihre Zauberlektionen. Einige Tage nach Michaeli werden Krabat und Petar vom Meister geschickt, um Besorgungen zu machen. Beide fahren sie durch Schwarzkollm und Krabat hofft vergeblich, die Kantorka zu sehen. Allerdings begegnet sie ihnen auf der Rückfahrt, als sie Hühner füttert. Krabat nickt ihr beiläufig zu und die Kantorka nickt zurück.

Krabat fühlt sich
bedroht

Im Herbst fahren die Mühlknappen den Wintertorf ein und mit dem ersten Schnee werden die Gesellen wieder unruhig und aggressiv. Krabat erinnert sich an sein Gespräch mit Tonda und fragt sich, ob die Jungen Angst haben, weil einer von ihnen sterben muss. Er zieht häufig Tondas Messer hervor und prüft die Klinge, die jedoch immer glänzt. Am Tag vor Heilig Abend entdeckt Krabat im Schuppen einen Sarg.

*Krabat träumt von
einem leeren Sarg
(S. 162)*

Krabat träumt, dass er einen leeren Fichtensarg gefunden hat. Er zerschlägt ihn mit seinem Handbeil, doch plötzlich steht der Sarg

3.2 Inhaltsangabe

wieder vollkommen intakt da. Er probiert es noch zweimal, immer wird der Sarg wieder ganz. Verstört läuft Krabat in den Koselbruch, voller Angst, dass der Sarg ihn verfolgt. Schließlich bleibt er stehen und hört knirschende und scharrende Geräusche. Er folgt den Geräuschen und gelangt zum Wüsten Plan. Dort sieht er die Gestalt eines Mühlknappen eine Grube ausheben. Trotz aller Anstrengungen kann er nicht rufen und sich nicht mehr bewegen und wird eingeschneit.

Schweißnass erwacht Krabat und tritt ans Fenster. Es ist Weihnachten. Am Brunnen trifft er auf Michal, der mit Hacke und Schaufel daherkommt. Krabat will ihn ansprechen, doch Michal winkt ab. In den folgenden Tagen isoliert sich Michal. Am Silvesterabend ist der Meister verschwunden. Die Jungen gehen zu Bett und erwachen um Mitternacht von einem dumpfen Gepolter, dann folgt ein Schrei. Merten beginnt zu schluchzen, Krabat krallt die Finger in den Strohsack und möchte tot sein.

Am Morgen des Neujahrstages finden sie Michal mit gebrochenem Genick vor. Am Nachmittag beerdigen sie Michal eilig auf dem Wüsten Plan. Nur der untröstliche Merten bleibt am Grab stehen.

Michal ist tot

Das dritte Jahr
Der Mohrenkönig

Wie im Vorjahr um diese Zeit ist der Meister außer Haus. Über Michal wird kein Wort mehr verloren, Merten ist wie erstarrt.

Krabat denkt über Tondas Tod und Michals Tod nach. Am Vorabend des Dreikönigstages erscheint der Meister wieder und befiehlt allen, an die Arbeit zu gehen. Die Abwesenheit Michals ignoriert er. Sobald die Mühle läuft, fühlen sich die Gesellen besser. Um Mitternacht sind sie mit der Arbeit fertig. Sie kehren in den Schlafraum zurück und finden auf Michals Pritsche einen Jungen vor. Krabat, der den Verängstigten zu kennen glaubt, beruhigt ihn. Der Junge heißt Lobosch und auch Krabat nennt ihm seinen Na-

Neuer Lehrling
Lobosch

3.2 Inhaltsangabe

men. Der Neuankömmling erzählt von einem Krabat, den er einmal kannte. Da wird Krabat klar, dass sein einstiger Bettelkumpan Lobosch vor ihm liegt.

Krabat gibt sich zu erkennen

Zum Frühstück erscheint Lobosch in Michals Kleidern und isst reichlich von der Grütze. Krabat gibt sich Lobosch gegenüber als der Krabat von früher zu erkennen. Plötzlich erscheint der Meister und tadelt Lobosch rüde – Krabat muntert ihn mit einem Kopfnicken auf.

Krabat hilft Lobosch

Wie alle Lehrlinge muss Lobosch die Mehlkammer fegen. Zur Mittagzeit holt Krabat den Neuling aus der Mehlkammer und reinigt die Kammer mit einem Zauberspruch. Krabat bittet Lobosch um Verschwiegenheit und gemeinsam gehen sie zum Mittagessen.

Lyschko und Merten geraten aneinander

Am Abend erhebt der Meister Witko vom Lehrlings- in den Gesellenstand. Die Mühlknappen begehen anschließend Witkos Freisprechung mit Wein, doch eine lustige Stimmung will sich nicht einstellen, da Merten aus Trauer um Michal wie unbeteiligt wirkt. Lyschko animiert Merten zum Trinken, doch der schlägt ihm den Becher aus der Hand: In der Mehlstube ist es still. Plötzlich erscheint Lobosch, der allein Angst in der Schlafkammer hat.

Wie man auf Flügeln fliegt

Depressiver Merten

Merten spricht nicht mehr. Als Krabat mit Merten allein ist, erinnert er ihn an Michals Ausspruch, dass die Toten vergessen werden müssen. Merten hört ihm ruhig zu, dann streift er Krabats Hand ab und arbeitet stumm weiter. Krabat ist ratlos. Lobosch gegenüber verhält sich Krabat unterstützend und freundschaftlich. Eines Tages fragt Lobosch Krabat, wie er ihm die Hilfe danken kann. Krabat will erst abwinken, dann sagt er, dass er ihm eines Tages von seinen toten Freunden Michal und Tonda erzählen wird, und dass dann Loboschs Zuhören Dank genug wäre.

3.2   Inhaltsangabe

Krabat denkt viel an die Kantorka und nimmt sich vor, an Ostern mit ihr zu sprechen. In den letzten Nächten hat er geträumt, dass er auf dem Weg zu ihr war, und dann brach die Erinnerung ab. Schließlich gelingt es ihm nach einigen Nächten, den Traum in seiner Gesamtheit zu träumen:

Krabat läuft aus der Mühle fort. Er will nach Schwarzkollm, doch anstatt den direkten Weg zu nehmen, wählt er einen Pfad durchs Moor. Nebel kommt auf, Krabat verliert die Orientierung und gerät in ein Moorloch. Als er bis zu den Hüften im Moor steckt, ruft er laut um Hilfe. Plötzlich sieht er zwei Gestalten, die er für Tonda und Michal hält. Dann wird aus beiden Gestalten eine einzige. Sie wirft Krabat ein Seil zu und zieht Krabat aus dem Moorloch. Der Retter ist Juro und er rät Krabat, nach Schwarzkollm zu fliegen. Sofort verwandelt sich Krabat in einen Raben und fliegt nach Schwarzkollm. Er sieht die Kantorka am Brunnen die Hühner füttern. Unvermittelt wird er von einem Habicht angegriffen. Im Sturzflug fliegt er zur Kantorka. Auf dem Boden angekommen, nimmt er seine menschliche Gestalt an und sucht den Himmel nach dem Habicht ab. Plötzlich steht der Meister neben ihm und befiehlt ihm, zu folgen. Die Kantorka stellt sich dem Meister entgegen, umhüllt Krabat mit ihrem Schultertuch und geht mit ihm zusammen fort.

Krabats Traum: Rettung durch die Kantorka

Fluchtversuche

Am Morgen ist Merten verschwunden, außer Lyschko und dem Meister machen sich alle Sorgen. Am Abend ist Merten wieder da und wird vom Meister verhöhnt. Alle außer Lyschko überlegen, wie sie Merten helfen können. Am nächsten Morgen wagt Merten wieder einen Fluchtversuch: Zwei Tage bleibt er verschwunden, am Morgen des dritten Tages kehrt er in einem fürchterlichen Zustand zur Mühle zurück. Die Jungen kümmern sich um ihn, als der Meister erscheint und zu Merten sagt, dass er ihm nicht entkommen wird.

Mertens Fluchtversuche

3.2   Inhaltsangabe

Suizidversuch
Mertens

　　Am nächsten Morgen hängt sich Merten mit einem Kälberstrick in der Scheune auf. Die Gesellen, die von Lobosch hinzugerufen werden, wollen Merten abschneiden, doch eine Art Bann lässt sie ihn nicht erreichen. Krabat wirft sein Messer, um den Strick so zu durchtrennen, scheitert aber auch. Da erscheint der Meister, lacht und schaut die Jungen mit tiefer Verachtung an. Er schneidet Merten mit Krabats Messer ab; der Junge liegt röchelnd vor den Füßen des Meisters und dieser bezeichnet ihn als „Stümper" (S. 187). Dann lässt der Meister das Messer fallen, spuckt vor Merten aus und sagt: „Wer auf der Mühle stirbt, das bestimme ich!" (S. 188)

Schnee auf den Saaten

Der Meister soll
büßen

In den folgenden Tagen kümmern sich die Jungen um Merten. Krabat gehen die Worte des Meisters nicht aus dem Kopf und er denkt an seine toten Freunde Tonda und Michal – und an Rache.

Kein Herz für
Bauern in Not?

　　An einem Februartag kommen drei Männer aus Schwarzkollm an die Mühle und bitten den Meister um Schnee, damit die Wintersaat bei dem Frost nicht verdirbt. Der Meister verweigert seine Unterstützung und beschimpft die Männer. Daraufhin wenden sich die Männer an die Müllerburschen. Lyschko inszeniert einen Angriff durch wütende Hunde und die Männer fliehen. Der Meister lobt Lyschko dafür. Krabat dagegen ist verärgert über das Verhalten des Meisters. In der Nacht darauf träumt Lyschko immer wieder, dass er von Metzgerhunden angegriffen wird und schreckt jedes Mal unter lautem Geschrei auf. Die Jungen verbannen ihn schließlich in die Scheune. Am nächsten Morgen liegt Schnee: Werk des Meisters oder das von Pumphutt? Um die Mittagszeit kommen die drei Männer vom Vortag wieder, bedanken sich für den Schnee und wollen Eier und Geflügel schenken. Der Meister gibt den Bauern zu verstehen, dass er den Schnee nicht herbeigezaubert hat, und verschwindet in seiner Kammer. Juro ist dagegen freundlich

3.2 Inhaltsangabe

zu den Besuchern und sagt ihnen, dass sie mit ihren Geschenken nach Schwarzkollm zurückfahren sollen.

Ich bin Krabat

Es ist Frühjahr und Krabat lernt intensiv die schwarzen Künste, um für den „Tag des Kampfes" (S. 196) vorbereitet zu sein. Merten spricht wieder und am Karfreitag wird Lobosch in die Schwarze Schule aufgenommen. Übermütig fliegt er als Rabe durch das Zimmer und macht Faxen. Krabat hingegen konzentriert sich auf die Lektion „in Gedanken zu einem anderen Menschen zu sprechen", denn so will er Kontakt mit der Kantorka aufnehmen.

Am Ostersamstag schickt der Müller die Müllerburschen abends wieder fort, damit sie sich „das Mal" holen. Krabat geht zusammen mit Lobosch zu Bäumels Tod und erklärt ihm dort allerlei Dinge der Schwarzen Schule. Schließlich erzählt er von Tondas und Michals Tod und dass er mit dem Schuldigen abrechnen wird.

Offenes Gespräch mit Lobosch

In der Nacht hören sie in Schwarzkollm die Osterglocken läuten und den Wechselgesang der Kantorka und der Mädchen. Krabat nimmt in der Morgendämmerung Kontakt mit der Kantorka auf und bittet sie, nach dem Schöpfen des Osterwassers hinter den Mädchen zurückzubleiben, damit er sie allein treffen kann. Dann zeigt er Lobosch, wie der Drudenfuß gezeichnet wird, den sie sich gegenseitig auf die Stirn malen.

Auf dem Heimweg hat Krabat es sehr eilig. Kurz bevor sie den Koselbruch erreichen, tut er so, als ob er Tondas Messer bei Bäumels Tod vergessen habe; er bittet Lobosch, hier zu warten, während er zurückläuft und es holt. Krabat eilt zurück und erwartet die Kantorka, die tatsächlich allein erscheint. Krabat stellt sich vor und sie antwortet ruhig, dass sie bereits von ihm geträumt habe – und von einem Menschen, der ihm Böses wolle. Sie fragt, ob sie sich wiedersehen werden. Dann wischt sie ihm mit dem Osterwasser den

Krabat trifft die Kantorka

3.2 Inhaltsangabe

Drudenfuß von der Stirn. Krabat ist sehr dankbar für ihre Zuwendung und fühlt sich reingewaschen.

Hinter Sonne und Mond

Verschwundene Drudenfüße

Krabat kehrt zu dem wartenden Lobosch zurück. Lobosch fragt ihn nach dem Messer, Krabat zeigt es und lässt die Klinge herausschnappen: Sie ist schwarz. Auf dem Heimweg treffen sie Witko und Juro. Juro sieht, dass auf Krabats Stirn der Drudenfuß fehlt und macht ihn darauf aufmerksam. Krabat bekommt Angst um sich und die Kantorka und sucht in seiner Tasche nach einem Stück Kohle, findet aber keins. Juro drängt zur Eile und gemeinsam laufen die Jungen zur Mühle. Ein Unwetter bricht unvermittelt los mit Wind und Starkregen und als sie die Mühle erreichen, sind sie alle vollkommen durchnässt. Ungeduldig werden sie bereits vom Müller erwartet. Er gibt ihnen die Backenstreiche und sieht, dass keiner der Jungen das Pentagramm auf der Stirn trägt: Juro erwidert, dass der Regen es weggewaschen haben muss. Der Müller zögert ein wenig, dann schickt er Lyschko nach Holzkohle und malt den Jungen Drudenfüße auf die Stirn, was wie Feuer auf der Haut brennt. Anschließend müssen sie lange und hart arbeiten.

Ausgelassene Feier

Den Rest des Tages verbringen die Jungen entspannt mit Osterküchlein, Wein und Musik. Sie erzählen sich Geschichten und Andrusch hält eine Rede, in der er alle Meister in die Hölle wünscht; Staschko stimmt mit ein. Krabat hat sich etwas abseits gesetzt und denkt an die Kantorka. Lobosch ist verunsichert wegen der Sprüche der anderen Gesellen, doch Krabat beruhigt ihn damit, dass die Burschen einmal im Jahr so etwas ungestraft sagen dürfen.

Träume von der Kantorka

Krabat denkt unaufhörlich an die Kantorka und träumt in leicht veränderten Variationen von ihr: *Sie gehen gemeinsam durchs Grüne. Krabat legt ihr einen Arm um die Schulter, die Kantorka neigt ihm den Kopf zu. Er wünscht sich, dass sie ihn anschaut, damit auch er sie*

3.2 Inhaltsangabe

anblicken kann. Gleichzeitig weiß er, dass es besser ist, wenn niemand
sie erkennen kann.

Den Jungen ist Krabats verändertes Verhalten aufgefallen und   Gefahr im Verzug
schließlich fragt Lyschko Krabat direkt nach dem Namen seines
Mädchens. Krabat stellt sich dumm und in der folgenden Nacht
träumt Krabat erneut von der Kantorka, *allerdings endet der Traum*
damit, dass ein Schatten auftaucht: Krabat wirft der Kantorka seine
Jacke über den Kopf, damit man ihr Gesicht nicht sehen kann. Dar-
aufhin ertönt der Schrei eines Habichts – und Krabat erwacht. Am
Abend spricht der Meister Krabat sein Misstrauen aus. Er bietet
Krabat ein offenes, klärendes Gespräch an. Doch Krabat erwidert,
dass er ihm nichts zu sagen habe. „Dann geh – und beklag dich
nicht, wenn du Ärger bekommst!", droht ihm der Meister (S. 208).
Als Krabat das Zimmer verlässt, trifft er auf Juro, der ihm eine Wurzel als Halskette gibt, weil ihn ansonsten seine Träume in Gefahr
bringen werden.

Überraschungen

In den folgenden Tagen ist der Meister auffallend freundlich zu
Krabat. Fünf Wochen nach dem unangenehmen Gespräch treffen
sie im Flur aufeinander: Der Meister zeigt sich versöhnlich und
gibt Krabat für den Sonntag arbeitsfrei. Krabat lehnt ab, doch der
Meister besteht darauf.

Sonntagmorgen macht sich Krabat für die Arbeit fertig. Hanzo   Eine Falle?
erscheint und erinnert Krabat im Namen des Meisters an den frei-   Ratloser Krabat
en Tag. Krabat schlüpft daraufhin in seine gute Kleidung, verlässt
die Mühle und setzt sich hinter dem Holzschuppen ins Gras: Er ist
unschlüssig, wie er sich verhalten soll. Vorsichtshalber bittet er die
Kantorka, sich heute nicht sehen zu lassen. Schließlich erscheint
Juro, setzt sich zu ihm und zeichnet vorher noch den bekannten
Kreis mit dem Drudenfuß und den Kreuzen. Dann erklärt er Krabat,

3.2   Inhaltsangabe

dass der Meister ihre Existenz vergisst, solange sie sich in diesem Kreis aufhalten. Krabat ist beeindruckt und schließlich geht ihm auf, dass Juro für den Schnee und Lyschkos Hundetraum verantwortlich ist – und dass Juro nicht so dumm ist wie er vorgibt. Juro warnt Krabat, nicht so zu enden wie Tonda und Michal. Er erklärt Krabat, dass der Meister einen Pakt mit dem Gevatter geschlossen hat und dass in jeder Neujahrsnacht anstelle des Meisters ein Müllerbursche sterben muss. Juro gibt zu, dass er heimlich bei der Hausarbeit im Koraktor gelesen habe. Dann eröffnet er Krabat, wie man sich des Meisters entledigen kann: Krabat müsse ein Mädchen finden, das ihn liebt, und das den Meister bittet, ihn freizugeben. Das Mädchen müsse allerdings noch eine Probe bestehen. Er warnt Krabat eindringlich, dass der Meister nichts von der Kantorka erfahren dürfe, da es ihr sonst ergehe wie Worschula, deren Tod der Meister zu verantworten hat. Krabat fragt Juro, wie er sich heute verhalten soll: Juro rät ihm, den Meister zu täuschen.

Keilerei   Krabat durchquert Schwarzkollm, ohne die Kantorka zu sehen. In Maukendorf trinkt er Bier, tanzt mit den Mädchen und fängt Streit mit den Burschen an, der in einem wahren Tumult endet.

Ein schweres Stück Arbeit

Neugieriger Meister   Am Montag darauf erkundigt sich der Meister, wie Krabats Sonntag verlaufen sei. Krabat berichtet in allen Einzelheiten, die in Gesellschaft eines Mühlbruders sicher lustiger gewesen wären. Der Meister stellt klar, dass er das Vorrecht des freien Sonntags nur Krabat gewähren wird.

Die Möglichkeit der Freibitte   Krabat will sich unbedingt mit Juro treffen, doch der meidet und vertröstet ihn. Schließlich verlässt der Meister die Mühle für einige Tage und Krabat wird in der Nacht von Juro geweckt. In der Küche zieht Juro seinen Zauberkreis um sie beide. Er erzählt, wie Krabat vom Meister loskommen könnte: Am Silvesterabend muss sein

3.2 Inhaltsangabe

Mädchen zum Meister kommen und ihn freibitten. Dazu müsse sie ihn unter den Mitgesellen als Krabat erkennen. Gelingt ihr das, muss der Meister in der Neujahrsnacht sterben. Dann erzählt Juro von dem ehemaligen Mühlbruder Janko, dessen Mädchen ihn unter zwölf Raben erkennen sollte und scheiterte, was Janko und seine Freundin mit dem Tod bezahlt hätten. Danach hatte nur Tonda den Plan der Freibitte: mit dem bekannten tragischen Ausgang.

Juro erzählt weiter, dass nur wenigen dieses Verfahren der Frei- **Gegen des**
bitte bekannt sei. Außerdem bedeute der Tod des Meisters für alle **Meisters Willen**
den Verlust ihrer Zauberkräfte. Dies sei nicht der Fall, käme der Meister auf andere Art ums Leben, erklärt Juro. Dann macht er Krabat klar, dass er üben müsse, um sich dem Willen des Meisters zu widersetzen: Bei der Probe am Silvesterabend muss er sich anders verhalten können als die anderen elf Raben, damit das Mädchen ihn erkennen kann. Sie beginnen gleich mit einer Übung, bei der Krabat jedoch kläglich scheitert. Juro tröstet ihn und übt nun regelmäßig mit Krabat, wenn der Meister nicht in der Mühle ist.

Der Adler des Sultans

An einem Septemberabend lädt der Meister die Jungen zu einem Umtrunk in seine Meisterstube ein: Zusammen trinken sie „auf die Freundschaft" (S. 223). Anschließend erzählt er vom Mord an seinem Freund Jirko.

In den Jahren des großen Krieges gegen die Türken[16] war der **Gefährliches**
Meister Musketier beim kaiserlichen Heer unter dem Befehl des **Rollenspiel**
Marschalls von Sachsen, Jirko dagegen Zaubermeister bei dem türkischen Sultan, was der Meister aber nicht wusste. Die Türken brachten via Zauberkraft den Marschall von Sachsen in ihre Gewalt und der Meister bot daraufhin die Befreiung des Marschalls

---

16 Nach der Belagerung Wiens durch die Türken 1683 verbündeten sich Österreich, Polen, Venedig und ab 1686 auch Russland zur Heiligen Liga gegen die Türken, die dann 1687 in der Schlacht bei Mohács (Ungarn) von den Österreichern besiegt wurden.

3.2 Inhaltsangabe

an. Nach einer Kostprobe seiner Zauberkünste betraute der Herzog von Leuchtenberg den Meister mit der Aufgabe, den Marschall zurückzuholen. Als sich der Meister ein Pferd des Herzogs aussuchen soll, unterbricht der Meister seine Erzählung und initiiert ein Rollenspiel: Krabat soll den Meister spielen, Juro übernimmt die Rolle Jirkos und das böse Spiel beginnt. Der Meister zerbröselt einige getrocknete Kräuter über der Kerzenflamme und es breitet sich ein schwerer Duft aus. Der Meister befiehlt den Jungen, die Augen zu schließen. Krabat wird von einer schweren Müdigkeit überfallen und schläft ein.

Traum: Schuss auf Juro

Krabat sucht sich aus den herzoglichen Pferden einen Rappen aus und reitet mit ihm in den Lüften zum türkischen Lager. Dort betritt er ein kleines Zelt, in dem der Gefangene mit einer Lederklappe über dem linken Auge sitzt. Krabat nimmt den Gefangenen mit auf sein Pferd und fliegt unter dem Beschuss der Feinde wieder los. Krabat ist nicht beunruhigt, denn nur ein Geschoss aus Gold kann ihnen etwas anhaben, wie er seinem Hintermann erklärt. Schließlich verfolgt sie ein großer schwarzer Adler, den sie nicht abschütteln können. Eine Stimme, die Krabat vertraut scheint, fordert sie wiederholt auf umzukehren. Jetzt erkennt Krabat die Stimme als die von Juro. Der Marschall will, das Krabat auf den Adler schießt, und gibt ihm dafür einen goldenen Knopf. Krabat denkt nicht daran, auf den Adler Juro zu schießen. Er lässt den Knopf aus der Hand gleiten und schießt nur mit Pulver auf das Tier. Nach dem Schuss ertönt ein Todesschrei, sein Name wird gerufen. Krabat lässt voll Schreck die Muskete fallen und weint.

Krabat findet sich in der Kammer wieder: Die Jungen sehen ihn entsetzt an, der Meister sitzt wie ein Toter auf seinem Stuhl und Juro liegt reglos mit dem Oberkörper auf dem Tisch, neben ihm ein dunkelroter Fleck auf der Tischplatte. Lobosch beschuldigt Krabat, Juro umgebracht zu haben. Plötzlich bewegt sich Juro, auf seiner Stirn befindet sich ein kreisrunder roter Fleck. Juro erklärt mürrisch,

3.2 Inhaltsangabe

dass es nur ein Spiel war und dass er nun zu Bett gehe. Krabat
weiß nicht, wie er den Schuss, den Schrei und den Trubel am Tisch
einordnen soll. Der inzwischen aus seiner Starre erwachte Meister
springt auf und befiehlt den Jungen zu schweigen. Einen Albtraum
hätten sie gesehen, er aber habe Jirko in Ungarn erschießen müssen.
Er habe ihn erschießen müssen wie jeder von ihnen es tun würde.
Er wirft den Weinkrug an die Wand und will allein sein.

Auch Krabat sucht die Einsamkeit und schleicht zum Mühlenwei-   Cleverer Juro
her, wo er badet, um einen klaren Kopf zu bekommen. Juro erwartet
ihn am Ufer. Krabat erzählt, dass er sich nicht erklären könne, warum er auf ihn geschossen habe. Juro erwidert, dass Krabat nicht
mit dem Goldknopf auf ihn geschossen habe. Das Mal auf der Stirn
habe er selbst herbeigezaubert.

Ein Ring von Haar

Drei Wochen später fragt der Meister Krabat, ob er am nächsten   Treffen mit der
Sonntag zur Kirmes nach Schwarzkollm gehen werde. Krabat ant-   Kantorka: Krabat
wortet ausweichend und befragt danach Juro. Juro rät ihm, nach   hat Skrupel
Schwarzkollm zu gehen und mit seinem Mädchen zu sprechen. Krabat ist überrascht, dass Juro weiß, dass sie aus Schwarzkollm ist.
Juro erinnert Krabat daran, den Kreis um sich und das Mädchen zu
ziehen. In der Nacht von Samstag auf Sonntag überlegt Krabat, ob
er sich tatsächlich mit der Kantorka treffen und sie in alles einwei-
hen soll. In seinen Übungen mit Juro kann er sich zwar immer öfter
durchsetzen, doch er will die Kantorka eigentlich nicht dieser ge-
fährlichen Sache aussetzen. Schließlich kommt er zu dem Schluss,
der Kantorka alles zu erzählen, den Zeitpunkt der Prüfung aber
noch zu verschweigen, damit sie sich in Ruhe entscheiden kann.

Die Jungen sind neidisch auf Krabat, weil er die Kirmes in   Kirmes in
Schwarzkollm besuchen darf. Lobosch bittet ihn, Streuselkuchen   Schwarzkollm
und Kolatschen mitzubringen. Krabat nimmt ein Brottuch mit und

3.2 Inhaltsangabe

will sehen, ob etwas für Lobosch übrig bleibt. Krabat verlässt die Mühle und sucht den Platz auf, an dem er am Ostermorgen mit der Kantorka gesprochen hat, zieht einen Zauberkreis darum und setzt sich in die Mitte. Er spricht die Zauberformel und bittet die Kantorka, zu ihm zu kommen. Er macht es sich bequem und schläft ein. Als er erwacht, sitzt die Kantorka neben ihm. Krabat erzählt seine Geschichte. Er erklärt ihr, dass die nötige Probe für sie lebensgefährlich ist, doch die Kantorka lässt sich nicht abschrecken und bittet ihn um ein Messer. Krabat gibt ihr Tondas Messer, dessen Klinge schwarz ist. Als die Kantorka das Messer nimmt, verschwindet die Schwärze. Mit dem Messer schneidet sie sich eine Haarlocke ab, dreht sie zu einem Ring und gibt sie Krabat als Zeichen: Wenn sein Freund komme und ihr die Locke gebe, wisse sie, dass er in Krabats Auftrag spreche. Dann gehen sie getrennt voneinander nach Schwarzkollm.

Kirchweihtanz unter Beobachtung

Auf dem Tanzplatz mischt sich Krabat unter die Leute und tanzt ausgelassen mit den Mädchen. Hin und wieder tanzt er auch mit der Kantorka. Niemand schöpft Verdacht, auch nicht eine alte, auf dem linken Auge erblindete Frau, die Krabat plötzlich auffällt. Nachdem er sie gesehen hat, tanzt er nicht mehr mit der Kantorka. Als es Abend wird, beschließt Krabat, nach Hause zu gehen. Zum Abschied zieht er die Mütze und bemerkt das Brottuch, das er dort versteckt hatte. Er denkt an Lobosch und füllt das Tuch schnell mit Streuselkuchen und Kolatschen.

Das Angebot

Die Zauberkraft der Kantorka

Es ist Mitte November und Krabat hat das Gefühl, dass die Zeit kriecht. Wenn er allein ist, berührt er den Haarring der Kantorka, der ihm Zuversicht gibt. Der Meister verlässt die Mühle nicht mehr oft und so bleiben Krabat und Juro nur wenige Nächte, um weiter zu trainieren. Bei einer der Übungen zieht Krabat den Haarring der Kantorka aus der Tasche und streift ihn über seinen Finger. Sofort

3.2 Inhaltsangabe

kann Krabat mühelos das Gegenteil von dem tun, was ihm Juro
befiehlt. Die Jungen stellen fest, dass die Haare des Mädchens über
Zauberkräfte verfügen, die wohl der Liebe entstammen müssen. Am
nächsten Morgen liegt Schnee: Die Müllerburschen außer Lobosch
werden unruhig. Dieser will von Krabat den Grund für die Unruhe
wissen. Krabat erzählt ihm, dass sie alle Angst haben.

In der Woche vor Weihnachten erscheint nachts der Gevatter.
Entgegen seiner Gewohnheit steigt er vom Kutschbock und geht
mit dem Meister in die Mühle. Derweil erledigen die Jungen ihre
Arbeit. Im Morgengrauen kommt der Gevatter wieder heraus, steigt
auf den Kutschbock und fragt nach Krabat. Angstvoll tritt er vor.
Der Mann betrachtet ihn, sagt, dass es gut sei, und fährt davon.

Segen des
Gevatters

Der Meister lässt sich drei Tage und vier Nächte nicht blicken.
Einen Tag vor Weihnachten ruft er Krabat und eröffnet das Ge-
spräch damit, dass es Krabat freistehe, sich für oder gegen ihn zu
entscheiden. Er bietet Krabat an, sein Nachfolger auf der Mühle zu
werden, während er selbst einen Posten bei Hofe annehmen könnte. Krabat konfrontiert den Meister mit den Schicksalen Tondas und
Michals und seiner Befürchtung, dass er der Nächste sein könnte.
Der Meister widerspricht und erzählt, dass auch der Gevatter sein
Einverständnis gegeben habe, und hält Krabat die linke Hand hin.
Krabat verweigert den Handschlag. Der Meister stellt in Aussicht,
in Zukunft gemeinsam auszuwählen, wer als Nächster sterben soll,
was Krabat entschieden ablehnt. Er will gehen, doch der Meister
befiehlt ihm, sich zu setzen. Die Versuchung, sich jetzt schon auf
eine Kraftprobe mit dem Meister einzulassen, ist groß, doch Krabat
bleibt vorsichtig. Der Meister bittet ihn, alles noch einmal in Ruhe zu überdenken. Doch Krabat bleibt bei seinem Nein, woraufhin
der Meister ihm dann den Tod in Aussicht stellt. Krabat lässt sich
dennoch nicht einschüchtern. Der Meister nimmt ihm die Zauberkräfte für die nächsten acht Tage, dann soll er sich am Vorabend

Krabat soll
Nachfolger des
Meisters werden

3.2 Inhaltsangabe

des Silvestertages endgültig für eine Seite entscheiden – mit den
entsprechenden Folgen.

Zwischen den Jahren

Krabat muss hart arbeiten, was ihm ohne seine Zauberkräfte sehr
schwerfällt. Wenn er am Abend erschöpft auf seinen Strohsack fällt,
kann er nicht schlafen, da der Meister ihm Albträume schickt.

Traum: Krabat als Tagelöhner

*In einem dieser Träume zieht er in glühender Hitze und von Durst
geplagt einen Karren Steine, den er zu Ochsenblaschke nach Kamenz
bringen muss. Er ist inzwischen Tagelöhner, denn er hat durch einen
Unfall seinen rechten Unterarm verloren. Er hört die heisere Stimme
des Meisters fragen, wie ihm dieses Leben gefalle, und dass er wohl
besser sein Nachfolger geworden wäre...*

Jede Nacht träumt Krabat Bedrückendes in variierenden Situa-
tionen. Die Träume enden immer mit der Frage des Meisters, ob
er wieder Nein sagen würde, wenn er ihm seine Nachfolge anbie-
ten würde. In der letzten Nacht vor Ablauf der Frist erscheint ihm
erstmals der Meister persönlich im Traum.

Traum: Krabat tötet den Meister

*Krabat hat sich Juro zuliebe in ein Pferd verwandelt. Der als pol-
nischer Edelmann verkleidete Meister hat ihn in Wittichenau gekauft,
mitsamt Sattel und Halfter. Der Meister unternimmt mit ihm einen Ge-
waltritt, erreicht schließlich eine Schmiede und befiehlt dem Schmied,
die Hufe Krabats mit glühenden Eisen zu beschlagen. Der Lehrjunge Barto hält Krabat am Halfter und löst ihm dieses, weil das Pferd
am Ohr wund ist. Sofort verwandelt sich Krabat in einen Raben und
fliegt nach Schwarzkollm. Er sieht die Kantorka Hühner füttern und
bemerkt, dass ihm der Meister in Habichtgestalt folgt. Krabat fliegt in
den Brunnen und verwandelt sich in einen Fisch. Schließlich wird er
zum Ring am Finger der Kantorka und dann zum Gerstenkorn am Boden, nach dem der Meister als schwarzer Gockel pickt. Krabat verwandelt sich schnell in einen Fuchs und beißt dem Hahn die Kehle durch.*

3.2 Inhaltsangabe

Schweißgebadet erwacht Krabat und sieht den Ausgang des Traums als gutes Omen. Am Abend informiert er den Meister, dass er seine Nachfolge nicht antreten werde. Gelassen beauftragt ihn der Meister, dann sein Grab zu schaufeln. Am Schuppen wartet Juro auf Krabat. Krabat gibt Juro den Haarring, um die Kantorka zu informieren: Sie allein hat die freie Entscheidung, zu kommen oder nicht. Juro verwandelt sich in einen Raben und fliegt mit dem Haarring nach Schwarzkollm. Krabat nimmt Hacke und Spaten und geht zum Wüsten Plan, wo er ein Grab aushebt.

Krabat soll sein Grab ausheben

Am Tag darauf gibt Juro Krabat den Haarring zurück und sagt ihm, dass die Kantorka kommen wird. Sie erscheint tatsächlich am Abend und furchtlos fordert sie den Müller auf, Krabat freizugeben. Der Meister schickt die Jungen in die Schwarze Kammer und verbindet der Kantorka die Augen, sie soll Krabat blind erkennen. Der Meister befiehlt allen zu schweigen und droht, ansonsten die Kantorka zu töten. Krabat, der mit dieser Prüfung nicht gerechnet hat, ist entsetzt, ihn überkommen Angst- und Schuldgefühle. Die Kantorka schreitet dreimal die Reihe der Jungen ab, dann zeigt sie mit verbundenen Augen auf Krabat. Der Meister fragt, ob sie sicher sei. Sie ist sich sicher, nimmt das Tuch ab, macht einen Schritt auf Krabat zu und sagt, dass er frei sei. Der Meister taumelt gegen die Wand. Juro fordert die erstarrten Jungen auf, ihre Sachen zu holen und nach Schwarzkollm zu gehen. Alle wissen, dass in der Nacht der Meister sterben und die Mühle verbrennen wird. Merten drückt Krabat die Hand und sagt, dass Michal, Tonda und die anderen nun gerächt seien. Die Kantorka legt Krabat ihr Tuch um und fordert ihn auf, ihr zu folgen. Zusammen gehen sie nach Schwarzkollm. Krabat fragt sie, woran sie ihn denn bei der Prüfung erkannt habe: „Ich habe gespürt, dass du Angst hattest [...] Angst um mich: daran habe ich dich erkannt." (S. 255)

Die Prüfung der Kantorka

3.3 Aufbau

3.3 Aufbau

ZUSAMMEN-FASSUNG

Preußlers Roman *Krabat* besteht aus drei Kapiteln:
→ Das erste Jahr
→ Das zweite Jahr
→ Das dritte Jahr
Der Roman besitzt also eine triadische Struktur, die sich auch in einigen Binnenkapiteln findet. Die Dreigliedrigkeit gibt dem Roman Geschlossenheit und findet sich häufig in Märchen- und Sagenliteratur (vgl. Kapitel 3.1).

Sagenstoff

Preußler schöpft für seinen Roman *Krabat* aus sorbischem Sagestoff (vgl. Kapitel 3.1 und Materialien S. 117). Märchen und Sagen bedienen sich meist aus demselben, oft mystischen Stoffbereich. Im Gegensatz zu Märchen findet sich in Sagen jedoch oft ein „wahrer Kern", die Sage hat einen höheren Realitätsbezug und ist oft lokal genau verortet (hier in der Lausitz) und auch zeitlich ziemlich genau datierbar (Zeit des Großen Nordischen Krieges, vgl. Kapitel 2.2).

> „So geben Sagen beispielsweise auf (zu damaligen Zeiten) unerklärbare Naturphänomene Antworten und Erklärungsversuche, auch wenn diese oft frei erfunden sind. Sagen spiegeln also auch den jeweiligen Stand volkstümlicher Glaubensvorstellungen wider und besitzen daher auch einen Aussagewert in religions- und sozialgeschichtlicher Hinsicht."[17]

---

[17] https://www.planet-schule.de/wissenspool/die-brueder-grimm/inhalt/hintergrund/maerchen-definition-abgrenzung-zur-sage-legende-fabel.htmlkap2

3.3 Aufbau

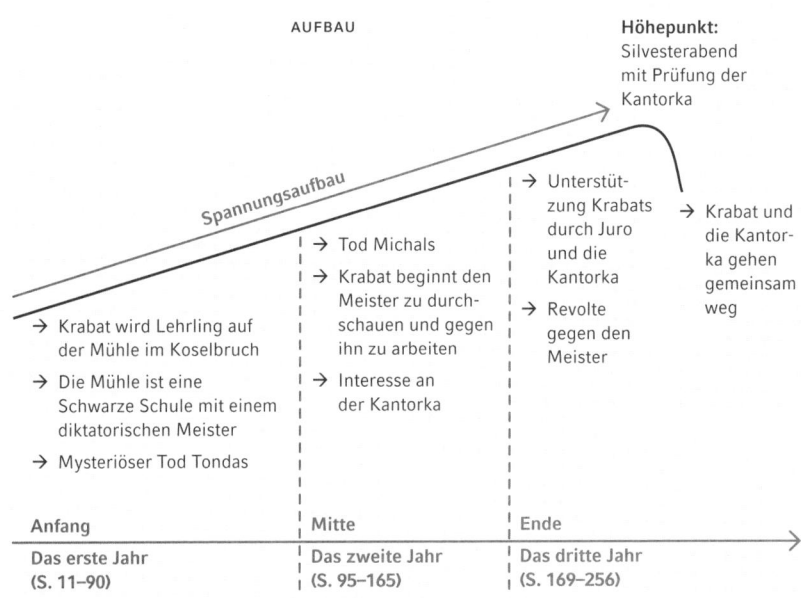

AUFBAU

Höhepunkt:
Silvesterabend
mit Prüfung der
Kantorka

Spannungsaufbau

→ Unterstüt-
zung Krabats
durch Juro
und die
Kantorka

→ Revolte
gegen den
Meister

→ Krabat und
die Kantor-
ka gehen
gemeinsam
weg

→ Tod Michals

→ Krabat beginnt den
Meister zu durch-
schauen und gegen
ihn zu arbeiten

→ Interesse an
der Kantorka

→ Krabat wird Lehrling auf
der Mühle im Koselbruch

→ Die Mühle ist eine
Schwarze Schule mit einem
diktatorischen Meister

→ Mysteriöser Tod Tondas

Anfang	**Mitte**	**Ende**
Das erste Jahr **(S. 11–90)**	**Das zweite Jahr** **(S. 95–165)**	**Das dritte Jahr** **(S. 169–256)**

In Märchen und Sagen findet sich im Aufbau oft eine **Dreigliedrig-keit**, die Preußler – ebenso wie die **regionale und zeitliche Ein-ordnung** – auch in seinen Roman *Krabat* übernommen hat, und die wir im Folgenden näher betrachten.

Im Roman umfasst ein erzähltes Geschehen die Handlung selbst sowie den Handlungsort und die Handlungszeit.[18] Die in *Krabat* er-zählte Zeit umfasst den **Zeitraum von drei Jahren**, erzählt wird von

Triadische
Struktur

---

18 Die erzählte Zeit ist die fiktive Zeitspanne. Die Erzählzeit ist die reale Zeitspanne, die der Leser
    zur Lektüre des Erzähltextes braucht.

3.3   Aufbau

Krabats erstem, zweiten und dritten Jahr auf der Mühle im Koselbruch. Entsprechend sind die Kapitel benannt: Das erste Jahr – Das
zweite Jahr – Das dritte Jahr. Die drei Kapitel sind vom Umfang her
annähernd identisch. Der Roman besteht also aus drei Kapiteln, es
liegt eine triadische Struktur vor (Dreigliedrigkeit).[19] Die Dreigliedrigkeit steht für **formale Ordnung und Einheit** und in christlicher
Tradition für die Vollkommenheit (Dreieinigkeit). **Aristoteles** hat
in seiner Poetik die Dreigliedrigkeit definiert: „Ein Ganzes ist, was
Anfang, Mitte und Ende hat."[20] Überträgt man das auf *Krabat*, so
ergibt sich folgendes Schema:

→ **Anfang**:
Krabat wird zum Dreikönigstag Lehrling auf der Mühle im Koselbruch. Die Mühle entpuppt sich als Schwarze Schule mit einem dik-
tatorisch agierenden Meister. Krabats bester Freund Tonda stirbt
in der Silvesternacht einen mysteriösen Tod.

→ **Mitte**:
Witko kommt als Ersatz für Tonda zum Dreikönigstag neu in die
Mühle. Michal stirbt in der folgenden Silvesternacht unter ungeklärten Umständen. Krabat stellt einen Zusammenhang zwischen
den Todesfällen und der Rolle des Meisters her und beschließt, ihn
dafür zur Verantwortung zu ziehen. Krabat entdeckt seine Zuneigung für die Kantorka.

→ **Ende**:
Juro und die Kantorka unterstützen Krabat bei seiner Revolte gegen
den Meister und siegen: Der Meister stirbt, die Mühle wird zerstört.
Krabat und die Kantorka gehen zusammen fort.

---

19   Dreigliederungen sind typisch für Märchen- und Schwankliteratur.
20   Aristoteles: *Poetik*, S. 25.

3.3 Aufbau

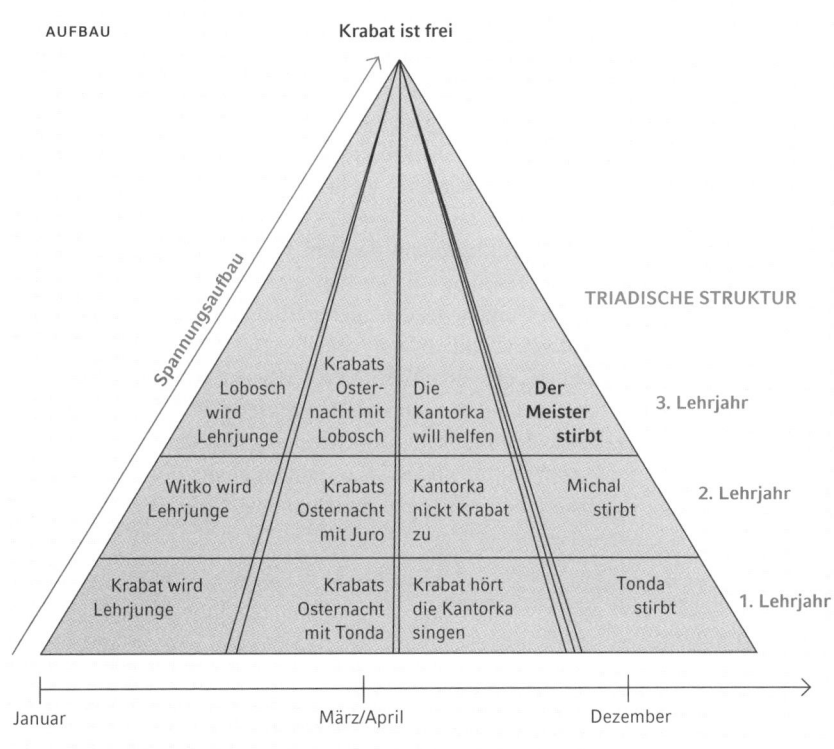

AUFBAU

Krabat ist frei

Spannungsaufbau

TRIADISCHE STRUKTUR

Lobosch wird Lehrjunge	Krabats Oster-nacht mit Lobosch	Die Kantorka will helfen	**Der Meister stirbt**	3. Lehrjahr
Witko wird Lehrjunge	Krabats Osternacht mit Juro	Kantorka nickt Krabat zu	Michal stirbt	2. Lehrjahr
Krabat wird Lehrjunge	Krabats Osternacht mit Tonda	Krabat hört die Kantorka singen	Tonda stirbt	1. Lehrjahr

Januar — März/April — Dezember

Jahreslauf auf der Mühle im Koselbruch

Die Dreigliedrigkeit und die Besonderheit der Zahl Drei findet sich mitunter auch in den **Binnenkapiteln**, so in „Die Mühle im Kosel-bruch", wo Krabat dreimal von der Mühle träumt (vgl. S. 12–13), ehe er nach Schwarzkollm zieht. Im Binnenkapitel „Ein milder Winter"

Die märchenhafte Zahl Drei

3.3   Aufbau

erscheint Tonda Krabat im Traum und gewährt ihm drei Fragen (vgl. S. 103–104). Der Meister liest an den Freitagen den Mühlknappen die Zaubersprüche dreimal vor (vgl. S. 42), er schließt sich „drei Tage und Nächte" (S. 156) in der Schwarzen Kammer ein, in der schwarzen Magie werden die Formeln oft dreimal wiederholt, Juro macht in seinen Zauberkreis drei Kreuze (vgl. S. 139) und die Kantorka schreitet dreimal die Reihe der Mühlknappen ab, ehe sie auf Krabat deutet.

Jahreslauf

    In die Haupthandlung der drei Kapitel (Krabats Leben in der Schwarzen Schule) sind meist in sich abgeschlossene „Zwischengeschichten" eingegliedert, deren Thematik in den Überschriften angesprochen wird: „Pferdehandel", „Hahnenkampf" (Besuch des Pumphutt), „Schnee auf den Saaten". Diese Geschichten korrespondieren dabei mit der **Jahreszeit** der drei Jahre, die durch die wiederkehrenden Tätigkeiten (Torfstechen, die Mühlrinne vom Eis befreien) oder **Sitten und Bräuche in der Lausitz** (Kirmes und Ablauf des Ostermorgens in Schwarzkollm) dargestellt wird.

3.4 Personenkonstellation und Charakteristiken

Krabat
→ Bettlerjunge aus der Lausitz
→ legt sich mit dem Meister der schwarzen Magie an

Der Meister
→ bösartiger Lehrer der schwarzen Magie
→ scheitert an Krabat

Tonda
→ Krabats Mentor
→ wird in der Silvesternacht umgebracht

Juro
→ stellt sich dumm, kennt jedoch den Koraktor
→ plant mit Krabat die Revolte gegen den Meister

Die Kantorka
→ verliebt sich in Krabat
→ erlöst Krabat aus der heidnisch-okkulten Welt

Nebenfiguren
Die Müllergesellen
→ Andrusch (Der Spaßvogel)
→ Hanzo (Der Soziale)
→ Kito (Der Miesepeter)
→ Kubo (Der Schweigsame)
→ Lobosch (Der Gesprächige/Krabats Bettlerfreund)
→ Lyschko (Der Verschlagene)
→ Merten (Der Tragische)
→ Michal (Krabats zweiter Mentor wird ermordet)
→ Petar (Der Löffelschnitzer)

3.4 Personenkonstellation und Charakteristiken

→ Staschko (Der Tausendsassa)
→ Witko (Der Magere)
Pumphutt
→ Müllergeselle und Zauberer mit sozialem Gewissen
Der Gevatter
→ Personifikation des Teufels

Hauptfiguren
Krabat

Bettlerjunge in der Lausitz

Zu Beginn der Handlung ist der Protagonist Krabat 14 Jahre alt (S. 11). Er stammt aus „einer lausigen, kleinen Hütte" (S. 27) in Eutrich und zieht als **Bettler zusammen mit zwei anderen Jungen**, die er später kurzerhand verlässt, durch die Gegend von Hoyerswerda. Seine Eltern sind an Pocken gestorben, seinen Pflegeeltern ist er davongelaufen, weil ihm ein Pfarrershaushalt zu bürgerlich war (S. 27). Er scheint sich als **Vagabund** zu begreifen, denn obwohl er vor allem wegen des Essens mit dem Leben auf der Mühle zufrieden ist, überlegt er umgehend, sie wenige Monate später wieder zu verlassen (S. 27).

Zauberlehrling

In die Mühle wird er durch vom Meister manipulierte **Träume**[21] gelockt. Er lässt sich auf dem Weg dorthin auch nicht von einer Warnung vor den merkwürdigen Verhältnissen dort abschrecken. Die Mühle und vor allem den Meister empfindet er tatsächlich als unheimlich. In der Folge wird Krabat ein **Müllerlehrling** und auch ein gelehriger **Schüler der schwarzen Magie**:

---

21 Vgl. auch Kapitel 3.7, Interpretationsansätze: *Krabat* als Adoleszenzroman. Dort wird u. a. explizit auf die Träume eingegangen. S. 105.

3.4 Personenkonstellation und Charakteristiken

> „Denn Krabat hatte inzwischen begriffen: Wer in der Kunst
> der Künste bewandert war, der gewann über andere Menschen
> Macht; und Macht zu gewinnen – so viel, wie der Meister besaß,
> wenn nicht mehr –, das erschien ihm als hohes Ziel, dafür lernte
> und lernte und lernte er." (S. 58)

Zum ersten Mal in seinem Leben ist Krabat ehrgeizig und sein Besuch des kurfürstlichen Hofs Augusts des Starken in Dresden lassen
ein Leben vor seinen Augen entstehen, dessen Möglichkeiten ihn
nur noch ehrgeiziger machen:

Macht als
Verlockung

> „‚Woran denkst du?', wollte der Meister wissen.
> ‚Ich denke darüber nach', sagte Krabat, ‚wie weit man es bringen
> kann mit der Schwarzen Kunst – und dass sie ein Mittel ist, das
> einem selbst über Fürsten und Könige Macht verleiht.'" (S. 116)

Das gefällt dem ehemaligen Bettlerjungen, der bisher nichts ge-
lernt hat. Gleichwohl betrachtet Krabat die Verhältnisse auf der
Mühle nicht ohne Skepsis. Schnell fällt ihm eine gewisse **Geheim-
niskrämerei und Verschwiegenheit** auf, über die er sich bei Tonda,
dem er vollkommen vertraut, beklagt (S. 38). Ihn wundert die Abwesenheit von Mahlgästen, obwohl die Mühle ständig in Betrieb ist.
Dann findet er Zähne und Knochen vor dem „Toten Gang", was ihn
entsetzt (S. 33). Trotzdem verhält er sich opportun und **unterwirft
sich dem Meister**, dem er absoluten Gehorsam schwört (S. 53).

Erste Skepsis

    Der **Tod Tondas** ist ein einschneidendes Erlebnis für Krabat,
das alles verändert – wie später auch seine **Liebe zur Kantorka**,
die einen zartfühlenden jungen Mann aus ihm macht. Krabat glaubt
nicht an einen Unfalltod seines Freundes:

Tod eines
Freundes

3.4   Personenkonstellation und Charakteristiken

> „Dass Tonda ums Leben gekommen war, konnte kein Zufall gewesen sein: das wurde ihm mehr und mehr zur Gewissheit, je länger er sich darüber Gedanken machte. Es musste da etwas geben, wovon er nichts wusste, was die Gesellen vor ihm geheim hielten. Worin bestand das Geheimnis? Warum hatte Tonda es ihm nicht anvertraut?" (S. 95)

Krabats Skepsis ist wieder da und in der Folge träumt er von Tonda, der ihm rät, die Augen offen zu halten. Krabat befolgt das und fragt sich, ob die zunehmende Nervosität der Jungen am Jahresende mit einem bevorstehenden Tod eines von ihnen in Zusammenhang stehen könnte – woraufhin er selbst Angst bekommt (S. 161–162).

Tod Michals:
Krabat will mit
dem Meister
abrechnen

Nach dem **Tod Michals**, der nach Tondas Tod Krabats Mentor wurde, ist sich Krabat sicher, dass Michal und auch Tonda nicht zufällig und erst recht nicht zufällig in der Silvesternacht gestorben sind. Er fragt sich, welches Spiel gespielt wird und wer es spielt (S. 169). Die Antwort auf diese Fragen bekommt er vom **Meister** persönlich, der sich, als er Mertens Strick durchtrennt, als **Herr über Leben und Tod** inszeniert (S. 189). Krabat trifft seine Entscheidung: „Jedenfalls würde er eines Tages [...] den Meister zur Rechenschaft ziehen müssen, das schien ihm so gut wie sicher." (S. 190)

Rettung durch
Freundschaft
und Liebe

Krabat unterstützt nun – wie vorher Tonda und Michal ihn – Lobosch und vertieft sich noch mehr in die schwarze Magie. Doch seine Motivation ist jetzt eine andere. Er lernt nicht mehr aus Interesse an Macht und Reichtum, sondern um dem Meister in einer bevorstehenden **Konfrontation** gewachsen zu sein und ihn mit seinen eigenen Mitteln zu schlagen (vgl. auch S. 198). Dabei übersieht Krabat, dass er selbst in **Gefahr** schwebt, denn der Meister hat seinen Widerstand längst gespürt und trifft Gegenmaßnahmen: Krabat gerät ins Fadenkreuz und wird schließlich als nächstes Opfer der Silvesternacht vom Meister bestimmt. Juro warnt Krabat eindringlich

3.4 Personenkonstellation und Charakteristiken

vor dem Meister. Durch ihn erfährt Krabat von dem **Pakt zwischen dem Gevatter und dem Meister**, und auch von der Möglichkeit der Freisprechung durch ein ihn liebendes Mädchen (S. 218). Krabat bereitet alles für eine mögliche Freisprechung durch die Kantorka vor, überlässt es aber ihr, ob sie ihm tatsächlich helfen möchte.

Die **Freundschaft zu Juro**, den Krabat inzwischen mit anderen Augen sieht, und die **Liebe der Kantorka** retten Krabat. Mit Juro stärkt er seine mentale Widerstandsfähigkeit, was ihm selbst jedoch nicht nutzt, aber mit Sicherheit dazu beiträgt, dass er überhaupt die Entscheidung „gegen den Meister" trifft. Neben Juro ist die Kantorka, die ihn freisprechen will, Helfer in der Not und riskiert dabei ihr Leben. Als sie zur Prüfung am Silvesterabend in der Mühle erscheint, muss Krabat mit Entsetzen feststellen, dass ihr vom Meister die Augen verbunden werden – was seine Pläne zunichtemacht. Angesichts dieser unerwarteten Maßnahme des Meisters hat er furchtbare Angst um das Mädchen: Er fürchtet in diesem Moment weniger um sein Leben als um das der Kantorka, die er aufrichtig liebt (S. 255). Dies spürt die Kantorka und daran erkennt sie ihn, wie sie ihm später verrät (S. 256). Nach der gelungenen Freisprechung verlässt Krabat mit der Kantorka die Mühle und geht mit ihr nach Schwarzkollm.

Liebe und Angst aus Liebe

Der Meister

Der Meister[22] ist sowohl der **Müllermeister auf der Mühle** im Koselbruch als auch **Meister der schwarzen Magie**. Zudem könnte man ihn als einen Serienmörder bezeichnen – doch dazu später.

Meister der schwarzen Magie

Seine magischen Fähigkeiten zeigt er gerne in Träumen: Er ruft Krabat zur Mühle im Koselbruch (S. 13–14). Später, als der Meister mit Träumen um Krabats Loyalität kämpft, schickt er ihm Träume,

Böse Träume

— — —

22 Vgl. dazu Kapitel 6., Prüfungsaufgaben mit Musterlösungen, Aufgabe 2. S. 126.

3.4 Personenkonstellation und Charakteristiken

in denen Krabat sich mit der Bedrohung der Kantorka oder seinem Verlust der magischen Fähigkeiten konfrontiert sieht (S. 248–252). Tondas Mädchen Worschula schickt der Meister Träume, die sie schließlich in den Selbstmord treiben (S. 214). Dabei ist der Meister in den Träumen an seinem fehlenden linken Auge zu erkennen.

Mit seinen Zauberkünsten hat sich der Meister einen Namen gemacht: Die Bauern bitten ihn als letzten Ausweg um Hilfe bei fehlendem Schnee und er ist Ratgeber des sächsischen Kurfürsten und polnischen Königs, der sich nicht sicher ist, ob er mit den Schweden Frieden schließen soll (S. 112–114). Der Meister rät natürlich zur Fortsetzung des Krieges, denn er ist ein **destruktiver und gewaltbereiter Mensch**. Er foltert und schlägt seine Mühlknappen, so auch Krabat, als der sich seinen Anweisungen widersetzte und sich anstelle von Juro in ein Pferd verwandelt (S. 137–138). Diese Taten korrespondieren mit seinem Aussehen, denn der Mann ist wenig ansehnlich: „Hinter dem Tisch saß ein massiger, dunkel gekleideter Mann, sehr bleich im Gesicht, wie mit Kalk bestrichen; ein schwarzes Pflaster bedeckte sein linkes Auge." (S. 15) Die kalkweiße Farbe seines Gesichts (vgl. auch S. 97) **kennzeichnet den Meister als Todesboten**, denn in der sorbischen Überlieferung gilt die Farbe Weiß als Farbe des Todes und der Trauer.

Machtmensch und schlechter Verlierer

Der Müller setzt sich über die sogenannten guten **Sitten und Bräuche** hinweg und lädt weder die anderen Müller der Gegend mitsamt Gesellen zum erfolgreichen Radhub ein (S. 144), noch hilft er den Bewohnern von Schwarzkollm, als sie ihn wegen ihrer Ernte um Hilfe bitten. Dass sie verhungern könnten, interessiert ihn nicht (S. 191–193). Wandernde Müllerburschen, die Kost und Logis erwarten können, sind für ihn „Schnüffler" und „unnütze Fresser" (S. 151), daher weist er zuerst auch Pumphutt ab, ohne ihn zu erkennen. Die Folge ist ein **Machtkampf zwischen den beiden Magiern**, den der Meister zu seiner Erbitterung verliert (S. 152–155). Damit

3.4 Personenkonstellation und Charakteristiken

kann er nicht umgehen und er reagiert seine Wut an den Gesellen ab (S. 156–158): Durch seine Niederlage hat er sein Gesicht verloren, vor den Gesellen und vor allem vor sich selbst, denn der Meister **definiert sich durch Macht**. Er hört erst auf, seine Gesellen zu schinden, als „der Gevatter" (Teufel[23]) interveniert, vor dem er Angst hat (S. 60). Mit ihm hat der Meister einen Pakt geschlossen:

> „Er hat einen Pakt mit dem … nun, mit dem Herrn Gevatter. Alljährlich muss er ihm einen von seinen Schülern zum Opfer bringen, sonst ist er selber dran." (S. 213)

Das Leben des Meisters liegt also in den Händen des Gevatters und das der Gesellen liegt in den Händen des Meisters. Entsprechend springt er mit ihnen um. Er **foltert und tötet**, wie es ihm passt. Zahlreiche Menschen hat er getötet: den Gesellen Janko mit seiner Freundin (S. 218–219); Tonda (S. 89) und seine Freundin Worschula (S. 214); Michal (S. 164–165); seinen Freund Jirko, den er versehentlich während des Krieges gegen die Türken erschossen hat, was ihn sehr quält (S. 230–231). Den unglücklichen Merten lässt er hingegen nicht sterben, für ihn hat er nur Verachtung übrig und rettet ihm nur deshalb das Leben, weil er selbst die Entscheidung über Leben und Tod treffen will: „,Wer auf der Mühle stirbt, das bestimme ich!', rief er. ,Ich allein!'" (S. 188)

Pakt mit dem Teufel

Anders ist sein Umgang mit Krabat im dritten Jahr. Ihm gewährt er Privilegien, zunächst aus Anerkennung, dann aus Nervosität, als er ahnt, dass Krabat sich gegen ihn wendet. In der Folge zeigt er die **Unsicherheit eines Machtmenschen**, dem die Kontrolle aus der Hand genommen wird. Zunächst muss der Meister überrascht konstatieren, dass Drohungen bei Krabat nicht mehr

Er tötet, um sein Leben zu sichern

---

23 Dazu siehe Kapitel 3.6, Stil und Sprache, Motive.

3.4 Personenkonstellation und Charakteristiken

verfangen (S. 207–208). Daraufhin legt der Meister die Peitsche
zur Seite und greift zum Zuckerbrot: Er gewährt Krabat Privilegien
wie den arbeitsfreien Sonntag und bietet ihm schließlich sogar **die
Nachfolge auf der Mühle** an (S. 244). Mit dem Gevatter handelt er
aus, dass Krabat nicht sterben wird (S. 243–244); er schlägt Krabat
vor, zusammen mit ihm über Leben und Tod der Mühlknappen zu
entscheiden.

Scheitert an
Krabat

Der Meister **legt Krabat eine Welt zu Füßen**, doch es ist seine
Welt und nicht die Krabats – was er wütend und enttäuscht zur
Kenntnis nehmen muss. So bleibt ihm nur die Möglichkeit, Krabat
ebenfalls zu töten (S. 252), wie schon vorher Tonda und dann Michal.
Doch am Ende ist es der Meister selbst, der sterben muss. Die
gelungene Freisprechung Krabats durch die Kantorka bedeutet
für ihn den Tod:

> „Der Meister, sie wussten es alle, würde den Neujahrstag nicht
> erleben. Um Mitternacht musste er sterben, dann würde die
> Mühle in Flammen aufgehen." (S. 255)

Gegenfigur zu
Krabat

Der Meister scheitert an Krabats Werten, an dessen Freundschaft
zu Juro und Krabats Liebe zur Kantorka. Moral, Freundschaft und
Liebe bedeuten dem Meister nichts (mehr)[24], weshalb er deren Kraft
nicht kennt. Er verlässt sich in der Prüfung der Kantorka nur auf
das Sichtbare und verbindet dieser die Augen: Er unterschätzt die
unsichtbaren Gefühle, die man lediglich erahnen kann. In seiner
amoralischen Haltung ist der Meister die **Gegenfigur Krabats**.

---

24 Ein traumatisches Erlebnis ist sicherlich der von ihm verursachte Tod seines Freundes Jirko.

3.4 Personenkonstellation und Charakteristiken

Tonda

Tonda ist der Altgesell auf der Mühle im Koselbruch, „ein stattlicher   Tod der Freundin
Bursche mit dichtem eisgrauen Haar; doch er schien noch keine
dreißig zu sein, dem Gesicht nach" (S. 18). Seine für sein Alter
ungewöhnliche Haarfarbe resultiert aus seinem **tragischen Verlust**:
Der Meister hat Tondas Freundin Worschula in den Selbstmord
getrieben.

> „Tonda hat sie am Morgen danach gefunden. Er hat sie nach
> Hause getragen zu ihren Eltern, dort hat er sie auf der Schwelle
> niedergelegt. Seitdem hat er eisgraues Haar gehabt, seine Kraft
> war gebrochen [...]." (S. 214)

Das Ende Tondas ist ein Mord, denn der Meister initiiert seinen Tod   Gebrochener
(S. 89). Die größte Schuld aber sucht Tonda bei sich, so weiß er,   Mensch
„dass Worschula noch am Leben wäre, hätte ich ihren Namen für
mich behalten" (S. 50). Als Krabat auf die Mühle kommt, ist Tonda
bereits **ein gebrochener Mensch**. Dennoch ist er sehr freundlich
und erleichtert Krabat die Arbeit auf der Mühle (vgl. S. 21, 23). Er
versucht Krabat zu schützen, wo es nur möglich ist, steigt an Krabats
Stelle ins Gerinne der Mühle (S. 33) oder rät ihm zu schweigen, als
Krabat im „Toten Gang" Zähne und Knochensplitter gefunden hat
(S. 33). Er klärt Krabat auch über die Wirkung des Drudenfußes auf
(S. 57) und in der Folge entwickelt sich eine **Freundschaft zwischen
Altgesell und Lehrjungen**. Selten ist Tonda unbeschwert, seine
Beteiligung an den derben, die Soldaten treffenden Scherzen ist eine
Ausnahme (vgl. S. 70–79). Es liegt eine **tiefe Trauer** über ihm, die
sich noch verstärkt, als er aus der Verfärbung seiner Messerklinge
auf höchste Gefahr für sich schließen muss (S. 84):

3.4   Personenkonstellation und Charakteristiken

> „Im Gegensatz zu den anderen Burschen war Tonda besonnen
> und freundlich geblieben wie eh und je, nur dass er dem Jungen
> um ein Spur trauriger vorkam als sonst, auch wenn er bemüht
> war, es keinen merken zu lassen." (S. 86)

Erwartet ergeben den Tod

Ergeben und resigniert erwartet Tonda seinen Tod. Er schenkt
Krabat sein Messer, da er genau weiß, dass er es nicht mehr brauchen wird: „‚Ich möchte dir etwas schenken, Krabat.' Der Altgesell
zog sein Klappmesser aus der Tasche. ‚Zum Andenken.'" (S. 84)
Dabei weiht er Krabat in das Geheimnis des Messers ein, damit
dieser gewarnt ist. In der Nacht seines Todes verabschiedet Tonda
sich **wie ein Vater** von Krabat (S. 88). Am nächsten Morgen liegt
er mit gebrochenen Halswirbeln in der Mühle. Am selben Tag noch
wird er eher verscharrt als beigesetzt:

> „Sie begruben den Toten hastig und ohne Umstände. Ohne Pas-
> tor und Kreuz, ohne Kerzen und Klagelied. Keinen Augenblick
> länger als nötig verweilten die Burschen am Grabe." (S. 90)

Nach seinem Tod erscheint er Krabat im Traum (S. 103–140). Sein
Tod entsetzt Krabat und setzt die Vorgänge in Gang, die letztlich
zum Sturz des Meisters führen.

Juro

Schlüsselfigur

Juro ist die **Schlüsselfigur des Romans**. Beschrieben wird er als
„stämmiger Bursche mit kurzen Beinen und flachem, von Som-
mersprossen gesprenkelten Mondgesicht" (S. 24). Er wird von den
Gesellen und dem Meister **für dumm gehalten**, wobei sie sich allerdings irren: Juro spielt den Dummen nur und kann lesen, was er
klugerweise für sich behält. Hänseleien lässt er sich widerspruchs-
los gefallen, auf Streiche, die ihm die Mitgesellen spielen, reagiert er

3.4 Personenkonstellation und Charakteristiken

gleichmütig (vgl. S. 24). Da er angeblich fürs Müllerhandwerk nicht taugt, muss er die **Hausarbeit** erledigen und die Tiere versorgen, was ihm nicht gedankt wird:

> „Die Mitgesellen nahmen dies alles für selbstverständlich und vollends der Meister behandelte Juro, als ob er der letzte Dreck sei." (S. 25)

Juro nutzt die Hausarbeit auf seine Weise, denn **heimlich liest er im Koraktor** und gelangt so an Informationen, mit denen der Meister besiegt werden kann (S. 213). Beim Zauberunterricht gibt er dann den Lernbehinderten (S. 159), um nicht aufzufliegen. Hintersinnig wie er ist, nutzt er die ihm zugewiesene Rolle als Depp auch für Racheaktionen an dem hinterhältigen Lyschko, den er einmal – scheinbar aus Versehen – mit einem Eimer voller Schweinefutter übergießt (S. 34) oder ihm schwere Hundeträume schickt (S. 193–194). Als der Bürgermeister von Schwarzkollm und seine zwei Begleiter den Meister wegen der Wintersaat um Schnee bitten und von diesem harsch abgewiesen werden, lässt Juro es heimlich schneien, denn niemand traut ihm dieses magische Vermögen zu (S. 212). Juro **möchte dringend die Mühle verlassen** und wartet auf eine Gelegenheit, sein Vorhaben zu realisieren. Schon früh fasst er dabei Krabat ins Auge, wie Krabats Flucht-Traum zu Beginn seiner Mühlenzeit beweist: „[Juro:] *Was du allein nicht geschafft hast, Krabat – das wäre vielleicht zu schaffen, wenn zwei sich zusammentun. Wollen wir beide es miteinander versuchen, das nächste Mal?*" (S. 30–31)

Als der von Krabat verehrte Tonda umkommt, ist Juro zuerst bei dem entsetzten Jungen (S. 88–89). Krabats Traum von Tonda weist schon auf Juro als Vertrauten hin (vgl. S. 104), doch Krabat geht mit Michal als Mentor einen Umweg zum Ziel. In der Folge

Bildet sich weiter

3.4 Personenkonstellation und Charakteristiken

entwickelt sich aber endlich doch eine **Freundschaft zwischen Juro und Krabat**, die schließlich zum Sturz des Meisters führt.

Plant mit Krabat die Revolte

Juro hat sich Krabat für seine **Umsturzpläne** bewusst ausgesucht, denn nach dem verbotenen Rollentausch und dem Verzicht Krabats, ihn auf Geheiß des Meisters zu verprügeln, weiß Juro, dass Krabat noch eigene Entscheidungen treffen kann (S. 139). Juro erkennt, dass Krabat sich verliebt hat, und gibt ihm eine „kleine, vertrocknete Wurzel an einer Schlinge aus dreifach gedrilltem Bindfaden" (S. 208), um zu verhindern, dass der Meister die Träume Krabats lesen kann. **Juro braucht Krabat**, weil er weiß, dass Krabat mutiger ist als er selbst und weil er selbst kein Mädchen hat, das ihn freibitten würde (S. 220). Rechtzeitig warnt er Krabat deshalb vor der Lebensgefahr, in der er schwebt:

> „Ich werde dir was sagen, Krabat – ich, der ich all die Jahre hindurch den Dummen gespielt habe. Wenn du so weitermachst, wirst du auf dieser Mühle der Nächste sein, der dran glauben muss." (S. 212)

Befreiung

Als Krabat Juro vertraut, geht dieser ganz systematisch vor. Er klärt Krabat über den Pakt des Meisters mit dem Gevatter auf und über die Möglichkeit, sich durch die Freibitte eines liebenden Mädchens des Meisters zu entledigen (S. 212–213, S. 218). Als guter Freund sagt er Krabat auch, dass dieses Vorgehen sehr gefährlich ist. **Er übt mit Krabat**, sich einem fremden Willen zu widersetzen (S. 220–222), und ermutigt ihn, mit der Kantorka zu sprechen und sie um Hilfe zu bitten (S. 234), wobei er gleich den Boten für beide gibt (S. 252). Nach der **Niederlage des Meisters** ist nicht nur Krabat Sieger, sondern auch Juro, der somit ebenfalls sein Ziel erreicht hat und frei wird.

3.4   Personenkonstellation und Charakteristiken

Die Kantorka

Die Kantorka ist die **Lichtgestalt des Romans** und die Erlöserin Krabats. Sie lebt in Schwarzkollm und zieht in den Osternächten zusammen mit anderen Mädchen durch den Ort und singt Osterlieder, wobei sie aufgrund ihrer schönen Stimme die Vorsängerin[25] ist (S. 49). Sie besitzt ein ansprechendes Äußeres: Sie hat ein schönes Gesicht, ist schlank und groß und hat große, sanfte Augen. „Stirnband und Häubchen" (S. 123) trägt sie und ist damit die Inkarnation der **Reinheit und Unschuld**. Die schwarze Klinge von Tondas Messer wird in ihren Händen blank (vgl. S. 238). Die Kantorka strahlt **Selbstbewusstsein** aus (S. 122) und mit dieser Stärke tritt sie später vor den Meister und **fordert die Freigabe Krabats**.

Erlöst Krabat

Ihre erste Begegnung mit Krabat, der sich bereits in sie verliebt hat, verläuft eher beiläufig, die Hühner scheinen ihr wichtiger zu sein als der vorbeifahrende Junge (S. 160). Das ändert sich allerdings. Beide beginnen voneinander zu träumen (S. 237) und die **Träume** müssen der Kantorka gefallen haben, denn als Krabat sie bittet, ihn zu treffen, zaudert sie nicht lange und kommt (S. 236). Sie zögert auch nicht, als er sie um ihre Hilfe bittet, obwohl die Unterstützung ihr das Leben kosten kann:

Selbstlose Liebe zu Krabat

> „Die Kantorka zögerte keinen Augenblick. ‚Dein Leben', sagte sie, ‚ist mir das meine wert. Wann soll ich zum Müller gehen dich freizubitten?'" (S. 237)[26]

---

25 Kantorka = Vorsängerin.
26 Das diesem Handlungsstrang zugrundeliegende Frauenbild kann in diesem Rahmen leider nicht diskutiert werden. Vgl. zu diesem Thema beispielsweise: Neumann, Martin (Hg.): *Sorben (Wenden) – Eine Brandenburger Minderheit und ihre Thematisierung im Unterricht . Teil III: Krabat – Aspekte einer sorbischen Sage*. 2008. https://publishup.uni-potsdam.de/opus4-ubp/frontdoor/deliver/index/docId/2544/file/zfl_krabat_iii.pdf

3.4   Personenkonstellation und Charakteristiken

Liebeszauber

Die Kantorka scheint selbst über gewisse **Zauberkräfte** zu verfügen, denn der Ring ihres Haares, den sie Krabat schenkt, gibt ihm Zuversicht und das Vermögen, sich besser einem fremden Bewusstsein zu widersetzen (vgl. S. 241–242).

Prinzip der Reinheit und Unschuld

    Wie sie es Krabat versprochen hat, erscheint die Kantorka zur verabredeten Zeit in der Mühle und **fordert vom Meister die Freigabe Krabats** (S. 254). Selbstsicher begegnet sie den Einschüchterungsversuchen des Meisters und verfällt nicht in Panik, als er ihr unerwartet die Augen verbindet und sie auffordert, so Krabat zu erkennen. **Sie behält die Nerven** und weist schließlich auf Krabat (S. 255), den sie damit aus den Händen des Meisters erlöst und zugleich die Zerstörung der Schwarze Schule initiiert. Bei der Identifikation Krabats zeigt sie eine ungewöhnliche Sensitivität, denn sie hatte seine Angst um sie gespürt (vgl. S. 256).

    Die Kantorka verkörpert im Roman das **Prinzip der Reinheit und Unschuld sowie eine christliche Haltung,** weshalb Preußler ihr keinen Namen zugewiesen hat.

Nebenfiguren
Die anderen Müllergesellen
(in alphabetischer Reihenfolge)

Andrusch

Scherzbold

Andrusch hat die Pocken überlebt, wovon seine Nase Zeugnis gibt (S. 75). Er ist der „Spaßvogel" (S. 24) unter den Müllerburschen und es ist ihm ein Vergnügen, sich auf dem Weg zum Viehmarkt von Wittichenau in einen prachtvollen Ochsen zu verwandeln, seinen Käufer Ochsenblaschke und die Magd Kathel vollkommen zu verwirren, indem er immer noch als Ochse wie ein Mensch spricht und als Schwalbe aus dem Stall fliegt (S. 63–67). Einen weiteren Spaß erlaubt sich Andrusch mit den Soldaten (S. 73–79), die auf der Su-

3.4 Personenkonstellation und Charakteristiken

che nach Rekruten auf der Mühle auftauchen und die er „bezopfte Affen" (S. 70) nennt.

Scherze erlaubt sich Andrusch auch mit seinen Mitgesellen, so mit Staschko, dem er weismachen will, dass seine Berechnungen bei dem Bau eines neuen Wasserrades falsch waren (vgl. S. 145–146). Andrusch ist der **Entertainer der Gesellentruppe** und unterhält sie mit Geschichten über Pumphutt. Andrusch kann aber auch anders: Kurz vor einem Neujahrstag, der für einen der Burschen den Tod bringt, ist Andrusch aus Angst um sein Leben so nervös, dass er Krabat, der einen Schneeball nach ihm geworfen hatte, beinahe zusammenschlägt (S. 85). Zwei Jahre später vergreift er sich auch wegen eines Schneeballs zur selben Zeit fast an Lobosch (S. 243).

Hanzo

Hanzo hat einen „Stiernacken" (S. 24) und kurz geschorenes Haar, weshalb ihn die Müllerburschen „den Bullen" (S. 24) nennen. Nach Tondas Tod tragen sie ihm die **Stelle des Altgesellen** an. Er ist in der schwarzen Magie einer der Meisterschüler (S. 134). Konfrontationen mit dem Meister vermeidet Hanzo (vgl. S. 97). Als Krabat anlässlich seiner Lossprechung von den Gesellen kräftig durchgewalkt wird, geht Hanzo dazwischen (S. 100). Hanzo als Altgesell ist es, der den Meister über Mertens Verschwinden informiert und schockiert über dessen eiskalte Reaktion ist (S. 183–184). Er sorgt dafür, dass sich die Burschen nach Mertens Selbstmordversuch um ihn kümmern (S. 189). Obwohl Hanzo auch schon länger auf der Mühle lebt, hat er sich seine **soziale Ader** bewahrt.

Sehr sozial

Kito

Kito schaut immer aus, als hätte er „ein Pfund Schusternägel" (S. 24) gegessen, außerdem beklagt er sich gern (vgl. S. 33). Sogar in einen Raben verwandelt spricht er „mit einem unüberhörbaren Ton der

Miesepeter

3.4 Personenkonstellation und Charakteristiken

Verdrossenheit in der Stimme" (S. 42). Kito sieht sich als eine Art Wetterprophet, der aus körperlichen Beschwerden auf einen bevorstehenden Schneefall schließen kann (S. 35).

Kubo

Über Kubo erfährt der Leser nur, dass er **schweigsam** ist. Einmal, als er Krabats Stimme hört, lässt er sich zu ein paar mehr Worten hinreißen (S. 56).

Lobosch

Krabats
Bettlerfreund

Der kleine **„Mohrenkönig" aus Maukendorf** ist Bettler und zieht mit Krabat durch die Region um Hoyerswerda. Zwei Jahre später als 14-jähriger gelangt er ebenfalls auf die Mühle im Koselbruch, wo er Michal ersetzt. Es dauert ein wenig, bis er Krabat erkennt, der sich körperlich sehr verändert hat (S. 171).[27] Dann schließt er sich Krabat an, dankbar, dass dieser ihn unterstützt. Vor dem Meister hat auch er Angst und fürchtet sich beispielsweise vor Strafe nach Andruschs und Staschkos lockeren Reden (S. 204). Lobosch wird nicht mehr freigesprochen und **verbringt nur ein knappes Jahr auf der Mühle** (Dreikönig bis Silvester), nachdem die Kantorka die Freigabe Krabats durchgesetzt hat.

Lyschko

„Lyschko, ein zaundürrer, langer Bursche mit spitzer Nase und scheelem Blick, hatte Krabat vom ersten Tag an nicht übermäßig gefallen: ein Schnüffler, so schien es, ein Ohrenspitzer und Um-die-Ecken-Schleicher, vor dem man sich keinen Augenblick sicher wusste." (S. 23)

---

27 Ein Jahr auf der Mühle bedeutet drei „normale" Jahre.

OTFRIED PREUßLER

3.4 Personenkonstellation und Charakteristiken

Krabat schätzt ihn richtig ein, denn Lyschko ist der Spion des Meisters. Nachdem Krabat sich in die Kantorka verliebt hat und sich verträumt verhält, wanzt sich Lyschko an ihn heran und versucht, Näheres zu erfahren (S. 134). Später bietet er Krabat an, ein Treffen zwischen ihr und ihm zu arrangieren, er könne „alles Weitere leicht in die Wege leiten" (S. 207) – was für die Kantorka und Krabat sicherlich ein Weg in den Tod gewesen wäre.

Spion des Meisters

Lyschko ist durch und durch schlecht, hat **keinen Respekt vor seinen Mitgesellen** und ihren Nöten. Er denunziert Michal bei dem Meister, als dieser Witko hilft, was Michal Folter einbringt (S. 106–107), und er provoziert den trauernden Merten nach der Ermordung seines Vetters Michal (S. 174). Die Jungen verhalten sich Lyschko gegenüber in der Regel defensiv, nur von Juro bekommt er ab und an – scheinbar aus Versehen (vgl. S. 34 oder S. 193 f.) – die Quittung präsentiert.

Lyschko scheint der perfekte **Diener seines Meisters**, doch um Krabat zu beeindrucken, würde der Meister auch Lyschko bedenkenlos opfern, was er Krabat vorschlägt (S. 246).

Merten

Merten ist **Michals Vetter** und ebenso wie dieser „bärenstark" (S. 24) und „gutmütig" (S. 24). In den Geheimen Wissenschaften ist er sehr gut, doch das schützt ihn nicht vor der Verachtung des Meisters. Nach der Ermordung Michals fällt er in eine tiefe **Depression** (vgl. S. 169). Nur einmal wird er aggressiv, als Lyschko ihn zum Trinken auffordert: „Merten erhob sich. Ohne ein Wort zu verlieren, trat er auf Lyschko zu und schlug ihm den Wein aus der Hand." (S. 174) Das Leben auf der Mühle wird Merten so unerträglich, dass er zwei Mal vergeblich zu fliehen versucht. In seiner **Hoffnungslosigkeit** will er sich schließlich umbringen, doch der Meister verhindert es.

Will sterben

3.4　Personenkonstellation und Charakteristiken

In der Folge ist Merten für lange Zeit **krank**, er hat „hohes Fieber, sein Hals war geschwollen, er litt unter Atemnot" (S. 189). Monate später zeigt sich ein Schiefhals als Folge seines Suizidversuchs. **Mertens Leiden** endet mit der Freisprechung Krabats durch die Kantorka.

Michal

Wird umgebracht

Michal ist der **Vetter Mertens** und bis zu seinem Tod Krabat ein guter Freund. **Nach Tondas Tod nimmt er dessen Stelle ein.** Er versucht, den entsetzten Krabat zu trösten, und bei Krabats Freisprechung verbürgt er sich für ihn.

Sozial

Als sich Krabat nach seinem Traum von Tonda für Michal oder Juro entscheiden muss, wählt er Michal als Vertrauten: „Michal enttäuschte ihn nie, bereitwillig gab er ihm Auskunft in allen Dingen. Nur einmal, als Krabat die Rede auf Tonda brachte, wies er ihn ab." (S. 105) **Der soziale Michal** hilft dem schwächlichen Witko, wobei er sich dadurch mit dem verschlagenen Lyschko und den Meister anlegt. Selbst danach zeigt er noch **Großmut**, denn als die Gesellen sich bei Lyschko revanchieren wollen, hält er sie davon ab.

Kampf gegen den Meister

Vermutlich verfolgt Michal eine eigene Strategie, denn in der Folge wird er in der Schwarzen Kunst zum „Meisterschüler" (S. 134). Michal opponiert in einer Neumondnacht offen gegen den Meister und erhält daraufhin Unterstützung von dem mit der Hahnenfeder (S. 158).

Wird gerächt

Zu Krabat sagt er einmal, dass der, der auf der Mühle stirbt, vergessen wird, weil man nur so überleben könne (S. 143). Michal, der wohl sein eigenes Grab schaufeln musste (vgl. S. 164), überlebt nicht: Er wird ein **Opfer des Paktes zwischen dem Gevatter und dem Meister**: „Er lag in der Mehlkammer auf dem Boden, der Wiegebalken war von der Decke gefallen, er hatte ihm das Genick zerschlagen." (S. 164–165) In einem aber irrte sich Michal: Merten

3.4 Personenkonstellation und Charakteristiken

hat ihn nicht vergessen und erst recht nicht Krabat, der sich auch wegen Michals Tod an dem Meister rächen will.

Petar
Über Petar erfährt der Leser lediglich, dass er nach Feierabend **Löffel schnitzt**.

Staschko
Staschko ist der „Tausendsassa" (S. 24) unter den Müllerburschen, dazu „flink wie ein Wiesel" (S. 24) und von großer Geschicklichkeit. Er ist ein guter, **ehrgeiziger Handwerker**, so übernimmt er erfolgreich die Planung und den Bau eines neuen Wasserrades, was vorzüglich gelingt (S. 146).

Guter Handwerker

Nach Tondas Tod bringt er den schockierten und traurigen Krabat in den Schlafraum und belehrt ihn etwas grob, dass sie den Meister für die Beerdigung Tondas nicht brauchen (S. 90). Als die Gesellen Merten am Strick hängend in der Scheune finden, ist Staschko derjenige, der bemerkt, dass Merten noch lebt, und geistesgegenwärtig versucht, den Strick durchzuschneiden, was ihnen aber wegen eines Banns nicht gelingt (S. 187).

Witko
Witko ist „ein schmächtiges blasses Bürschlein mit schmalen Schultern und rotem Schopf" (S. 97). Auch als Rabe ist er dürr und struppig (S. 117), wenn er singt, kräht er mehr (S. 127). Wegen seiner **Schwäche** fällt Witko die Arbeit mitunter sehr schwer, auch weil Lyschko versucht, ihn auszunutzen (S. 106). Würden sich nicht einige Mitgesellen um ihn kümmern, wäre er **dem Leben auf der Mühle körperlich nicht gewachsen**. Einmal bricht er, als der Meister die Müllerburschen aus Wut über die von Pumphutt zugefügte Niederlage schindet, zusammen und wird (ausgerechnet) von dem

Dünn, aber zäh

3.4   Personenkonstellation und Charakteristiken

Pumphutt, die Sagengestalt aus der Oberlausitz: Hier eine Holzfigur des „Hexenmeisters" in Wilthen.
© picture-alliance/ ZB

3.4 Personenkonstellation und Charakteristiken

Gevatter vor Schlimmerem bewahrt (vgl. S. 157–158). Schließlich wird auch er nach seiner Lehrzeit in den **Gesellenstand** erhoben (S. 173–174).

Pumphutt

Pumphutt ist ein **freier Müllergeselle** und vermutlich aus der Gegend von Spohla, wie Andrusch zu glauben meint. „Dürr ist er, lang ist er – und so alt, dass niemand es mit Bestimmtheit sagen kann." (S. 127) Er trägt einen Ohrring im linken Ohrläppchen und einen **auffälligen Hut**[28] (S. 127). Außerdem ist er **Zauberer und eine Legende in der Oberlausitz**. Seinen legendären Ruf verdankt er seinem sozialen Verhalten, indem er schlecht behandelten Gesellen – wie in der Geschichte vom Obermüller Schleif (vgl. S. 128–132) – zu einem besseren Leben verhilft.

Besiegt den Meister

Dem Meister bringt er, vor den Augen der Gesellen, eine krachende Niederlage bei: Es entspinnt sich ein **Machtkampf** zwischen beiden, der zugleich ein Kampf zweier unterschiedlicher Geisteshaltungen ist: die der schwarzen Magie in Personifikation des Meisters und die der weißen Magie[29] in Personifikation Pumphutts. **Pumphutt gewinnt und zeigt sich als souveräner Sieger**.

Schwarze Magie vs. weiße Magie

Pumphutts Sieg über den Meister beeindruckt die Gesellen sehr, vor allem Krabat, der dadurch lernt, dass auch der Meister in der Zauberkunst geschlagen werden kann. Dies ermutigt ihn in seiner Auflehnung gegen ihn.

---

28 Von diesem Hut soll auch sein Name Pumphutt herstammen.
29 Während die weiße Magie mit Schutz- oder Heilzauber helfen will, möchte die schwarze Magie den Gegner schädigen.

3.4   Personenkonstellation und Charakteristiken

Der Gevatter

Personifikation des Teufels

Der Gevatter ist ein äußerst unheimlicher Mann, nachtschwarz gekleidet mit einer roten Hahnenfeder am Hut, die zu lodern scheint (S. 36). Dazu hat er eine **furchteinflößende Stimme**, „wie glühende Kohlen und klirrender Frost in einem" (S. 158).

Er **erscheint stets in den Neumondnächten** mit einem von sechs schwarzen Pferden gezogenen Fuhrwerk, das interessanterweise keine Spuren hinterlässt. Beladen ist es mit schweren Säcken von zu mahlendem Material, von dem niemand weiß, was es ist, und das nur im „Toten Gang" gemahlen wird. Dort fand Krabat einmal Zähne und Knochenreste (S. 33). Der Gevatter ist **Herr über Leben und Tod** und handelt mit dem Meister aus, welcher Junge anstelle des Meisters in der Neujahrsnacht sterben muss (S. 213). So verhandelt er mit dem Meister auch über den Tod Krabats und lässt sich davon überzeugen, ihn am Leben zu lassen (S. 244). Die Figur des Gevatters ist die **Personifizierung des Teufels**.[30]

Weitere Personen:

Bauern, Ochsenblaschke aus Kamenz, Krause-Fleischer, Leuschner, Gustav Neubauer, Kretschmer von Ossling, die Magd Kathel, Jungen und Mädchen aus Schwarzkollm, August I., Offiziere und Soldaten aus dem Heer August I., Christian Leberecht Fürchtegott Edler von Landtschaden-Pummerstorff, Stallknechte, Offiziere, Obermüller von Schleife und seine Gesellen, der Scholta und zwei Dorfälteste aus Schwarzkollm u. a.

---

30   Dazu vgl. Kapitel 3.6, Stil und Sprache, Themen und Motive. S. 101.

3.4   Personenkonstellation und Charakteristiken

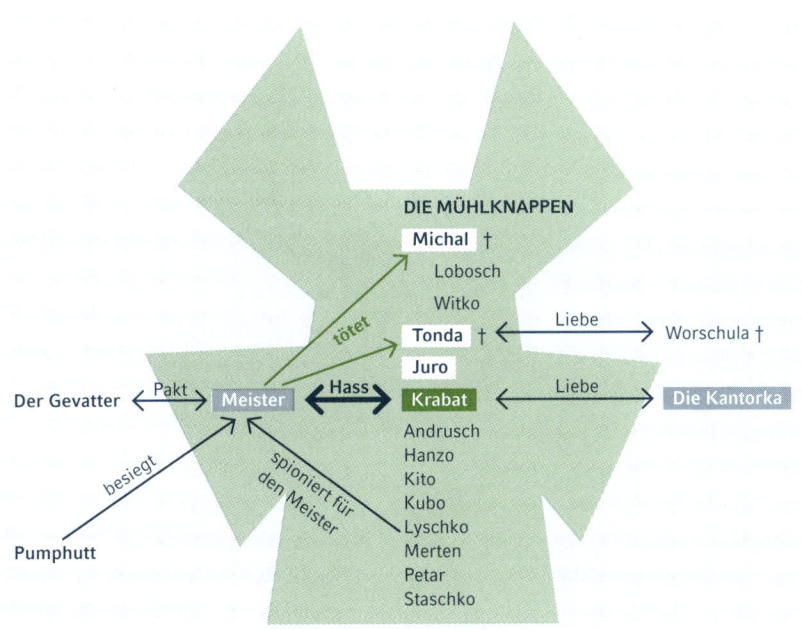

Die Mühle im Koselbruch

3.5 Sachliche und sprachliche Erläuterungen

DAS ERSTE JAHR

S. 11	wendisch	Wendische Sprache, die von den Wenden (Slawen) in der Niederlausitz gesprochen wird.
S. 11	Hoyerswerda	Stadt in Sachsen.
S. 12	Petershain	Ortsteil der Gemeinde Quitzdorf/Sachsen.
S. 12	Leippe	Heute: Leippe-Torno, Ortschaft im Landkreis Bautzen/Sachsen.
S. 12	Groß-Partwitz	Ehemaliges Dorf in der Lausitz.
S. 17	Pritschen	Pritsche: einfaches Holzbett.
S. 22	Spelzen	Trockene Hülse des Getreidekorns.
S. 24	Königswartha	Gemeinde in der Oberlausitz.
S. 24	Kleie	Mahlrückstand.
S. 27	Eutrich	Ort im Landkreis Bautzen.
S. 39	Gesindestube	Raum für die Dienerschaft.
S. 41	Lausitz	Region in Ostdeutschland bis Polen reichend.
S. 46	Rastelbinder	Topfflicker oder Hersteller von Mausefallen.
S. 49	Kantorka	Wendische Bezeichnung für Vorsängerin.
S. 50	Drudenfuß	Umgekehrtes Pentagramm (fünfzackiger Stern), vgl. S. 31.
S. 53	Ochsenjoch	Vorrichtung zum Einspannen von Ochsen.
S. 60	Dutzend	Zwölf Stück.
S. 69	Korporal	Unteroffizier.
S. 69	Tambour	Trommler in einem Regiment.
S. 69	Leutnant	Offizier.
S. 70	Gamaschen	Stulpen.
S. 76	Bombardon	Musikinstrument, Vorläufer der Basstuba.
S. 77	Ordonanzen	Ordonanz: Offiziersanwärter.

3.5 Sachliche und sprachliche Erläuterungen

S. 77	Kamenz	Stadt in Sachsen.
S. 77	Defiliermarsch	Militärmusik.
S. 77	Obrist	Regimentschef.
S. 78	Eskadron	Truppenverband.
S. 78	Profos	Verwalter der Militärgerichtsbarkeit.
S. 80	Fuder	Alte Maßeinheit („Fuhre").
S. 85	Allerheiligen	Kirchlicher Feiertag am 1. November.

DAS ZWEITE JAHR

S. 96	Kienholz	Harzreiches Holz.
S. 98	Dreispitz	Dreieckiger Hut.
S. 105	Lichtmess	2. Februar.
S. 109	Josephitag	19. März.
S. 129	Melde	Salatartige Pflanze.
S. 130	kujonieren	Quälen, schikanieren.
S. 136	Rosskamm	Pferdestriegel; auch spöttisch für Pferdehändler.
S. 141	Maultrommel	Kleines Musikinstrument.
S. 159	Michaeli	29. September.
S. 161	Andreasnacht	Nacht zum 30. November.

DAS DRITTE JAHR

S. 191	Scholta	Sorbisch: Dorfrichter.
S. 191	Schock	Alte Maßeinheit: Ein Schock sind 60 Stück.
S. 196	Sonntag Lätare	Der vierte von sechs Sonntagen in der Fastenzeit.
S. 223	Musketier	Mit einer Muskete (schweres Gewehr, das von vorne geladen wird, Vorderlader also) bewaffneter Soldat.
S. 225	Herzog von Leuchtenberg	Vermutlich Albrecht VI., Herzog von Bayern-Leuchtenberg (1584–1666).

3.5 Sachliche und sprachliche Erläuterungen

S. 226	Rappe	Schwarzes Pferd.
S. 226	Sultan	Islamischer Herrschertitel.
S. 226	Graf Gallas	Matthias Gallas, ab 1632 Graf von Gallas zum Schloss Campo und Freyenthurn (1588–1647). Hoher österreichischer Militär im Dreißigjährigen Krieg.
S. 226	Janitscharen	Elitetruppe im Osmanischen Reich.
S. 227	nubische Garden	Leibwache, deren Mitglieder aus dem heutigen Sudan und dem südlichen Ägypten stammen.
S. 235	Kolatschen	Hefeküchlein.

3.6 Stil und Sprache

ZUSAMMEN-FASSUNG

→ Preußlers Erzählersprache ist reich an Adjektiven. Zudem verwendet der Autor das epische Präteritum.
→ Die Figurensprache verweist mitunter auf das 17. Jahrhundert.
→ Das Erzählverhalten ist überwiegend auktorial.
→ Preußler setzt zahlreiche Motive ein, die sich wiederholen.

Erzählersprache

„Krabat, ein Junge von vierzehn Jahren damals, hatte sich mit zwei anderen wendischen Betteljungen zusammengetan und obgleich Seine allerdurchlauchtigste Gnaden, der Kurfürst von Sachsen, das Betteln und Vagabundieren in Höchstderoselben Landen bei Strafe verboten hatten [...], zogen sie als Dreikönige in der Gegend von Hoyerswerda von Dorf zu Dorf: [...]." (S. 11)

Preußler verwendet hier **die um 1700 gebräuchliche Sprache**. Durch diesen geschickten Kunstgriff verortet er das erzählte Geschehen in diese Zeit. Ein weiteres Beispiel dafür ist die Sprache der Soldaten (vgl. S. 76).

Zeit: um 1700

In *Krabat* gibt es **viele Adjektive**. Dadurch wird der Roman lebendig und anschaulich. Besonders evident wird die Wirkung der Adjektive in jener Textsequenz, in der Krabat zum ersten Mal die Mühle erblickt:

Metaphern und Adjektive

3.6   Stil und Sprache

„Krabat tappte ein Stück durch den Wald wie ein Blinder im Nebel, dann stieß er auf eine Lichtung. Als er sich anschickte unter den Bäumen hervorzutreten, riss das Gewölk auf, der Mond kam zum Vorschein, alles war plötzlich in kaltes Licht getaucht. Jetzt sah Krabat die Mühle. Da lag sie vor ihm, in den Schnee geduckt, dunkel, bedrohlich, ein mächtiges böses Tier, das auf Beute lauert." (S. 14)

Diese Zeilen evozieren Unheimlich-Bedrohliches. Durch die Adjektive nachfolgender Textsequenz kann sich der Leser ein erstes **Bild von Krabat** machen:

„Aber für jemand wie Krabat, der seine Jahre in einer lausigen kleinen Hütte verbracht hatte [...] war es schwer, sich bei Pfarrers einzuleben: von morgen bis abends brav zu sein, nicht zu schimpfen und nicht zu raufen, in weißen Hemden umherzugehen, den Hals gewaschen, das Haar gekämmt, niemals barfuß, mit reinen Händen und sauber gekratzten Fingernägeln – und obendrein auch noch deutsch zu sprechen die ganze Zeit, hochdeutsch!" (S. 27)

Folgende Zeilen lassen den Leser eine gewisse **Trostlosigkeit** evozieren:

„Karfreitag, am frühen Abend, über dem Koselbruch hing ein fahler, aufgedunsener Mond. Die Mühlknappen saßen in der Gesindestube zusammen, Krabat lag müde auf seiner Pritsche und wollte schlafen." (S. 39)

3.6 Stil und Sprache

Zudem benutzt Preußler **das epische Präteritum**.[31] Das epische Präteritum ist die vorherrschende Tempusform der erzählenden Gattungen, es ist also immer ein **Indikator für Fiktionalität**. Es wird nicht zur Darstellung von Vergangenem verwendet, sondern von fiktiv Gegenwärtigem. Mit anderen Worten: Es drückt die fiktive Gegenwartssituation der Romanfigur aus, von der es berichtet. Dies bewirkt, dass keine zeitliche Distanz auftritt. Durch das epische Präteritum wird ein **Raum-Zeit-Kontinuum geschaffen, das nur poetologisch existieren kann**, nicht physikalisch:

Episches Präteritum

„Indessen blieb seine Schadenfreude nicht ungetrübt. In der folgenden Nacht schrak Lyschko mit lautem Wehgeschrei aus dem Schlaf hoch [...]." (S. 193)

„Der Meister bestimmte den nächsten Mittwoch zum Tag des Radhubs." (S. 144)

Figurensprache

Die Figurensprache dient der **Darstellung des Personencharakters**. Außerdem kann aus der Figurensprache das soziale Umfeld der jeweiligen Person abgeleitet werden. Die Figuren in *Krabat* sprechen unterschiedlich.

Unterschiedliche Figurensprache

Krabat ist ein einfacher Junge, der kein Hochdeutsch mag (S. 27) und eine eher derbe Sprache pflegt:

Krabat

---

31 Die Theorie des epischen Präteritums wurde von der Literaturwissenschaftlerin Käte Hamburger entwickelt: *Die Logik der Dichtung*, 1957. Textbeispiel von Hamburger: *Aber am Vormittag hatte sie den Baum zu putzen. Morgen war Weihnachten.*

3.6 Stil und Sprache

> „,Na, Krabat, wie schmeckt die Arbeit?'
> ,Wie wird sie schon schmecken!', knurrte der Junge. ,Friss einen Hundedreck, Lyschko – dann weißt du es.'" (S. 23)

Sprache der Arbeiter

In dieser Diktion sprechen auch die **Müllerburschen**, so Staschko, als er von einer missratenen Pilzmahlzeit berichtet:

> „,Mach dir nichts draus', sagte Staschko abermals. ,Solche herbeigezauberten Pilze sind gallenbitter, an denen verdirbst du dir bloß den Magen! Vergangenes Jahr hat nicht viel gefehlt und ich wäre krepiert daran.'" (S. 83)

Oder Juro, als er erfährt, dass Krabat von ihm geträumt hat:

> „,Ich habe von dir geträumt', sagte Krabat. ,Du hast mir im Traum etwas vorgeschlagen.'
> ,Ich?' meinte Juro. ,Dann wird es ein schöner Blödsinn gewesen sein, Krabat. Am besten, du spuckst darauf!'" (S. 31)

Im Laufe der Zeit verändert Krabat jedoch seine Sprache. Ist sie nach Tondas Tod **die eines Fragenden**, so ist sie in einer der letzten Konfrontationen mit dem Meister, als er ihm die Macht über Leben und Tod der Müllerburschen anbietet, klar und dezidiert (S. 246). Kommuniziert Krabat mit der Kantorka, ist seine Sprache die eines Hoffenden (z. B. S. 236, S. 237).

Autoritärer Meister

Die **Sprache des Meisters** ist die eines menschenverachtenden Despoten. Dies zeigt sich im Umgang mit dem Scholta von Schwarzkollm und seinen Begleitern, die ihn um eine meteorologische Manipulation bitten. Sie wissen genau, wen sie vor sich haben, denn sie bitten ihn „kniefällig wie den lieben Herrgott!" (S. 192). Der Meister ist aber nicht lieb, wie folgendes Zitat belegt:

3.6 Stil und Sprache

„‚Nichts da!' Der Meister blieb unerbittlich. ‚Schert euch nach
Hause, was kümmert mich eure Wintersaat! Ich hier – und die
da', er wies auf die Burschen, ‚wir werden nicht Hunger zu leiden
brauchen, wir nicht! Dafür sorge ich schon und das notfalls auch
ohne Schnee. Ihr aber, Bauernpack, bleibt mir vom Halse mit
euren Eiern und euerm Federvieh! Meinetwegen krepiert, das
ist eure Sache! Ich denke nicht daran, einen Finger für euch zu
rühren, für euch und eure Brut! Das könnt ihr im Ernst nicht von
mir erwarten!'" (S. 192)

Merten bezeichnet er als „Stümper" (S. 187), weil dessen Suizid | Menschen-
missglückt. In dieser Situation formuliert der Meister sein Selbst- | verachtend
verständnis und auch seine **Machtposition**: „‚Wer auf der Mühle
stirbt, das bestimme ich!', rief er. ‚Ich allein!'" (S. 188) Entsprechend ist sein bevorzugtes rhetorisches Mittel der **Imperativ** (vgl.
auch S. 19).

Erzählperspektive und Erzählverhalten

Die Erzählperspektive lässt erkennen, ob der Erzähler Fremdpsychi- | Innensicht–
sches kennt oder nicht. Verfügt er über fremdpsychisches Wissen, | Außensicht;
stellt er die Figuren mit **Innensicht** dar. Kennt er nichts Fremd- | Distanz–Nähe
psychisches, verfügt er über **Außensicht**. Innensicht wird durch
Signalworte angezeigt, die auf psychische Prozesse schließen las-
sen. Der Erzählerstandort bezeichnet den Standort des Erzählers im
Verhältnis zu den Figuren und Ereignissen im räumlichen und zeit-
lichen Sinn. Man unterscheidet zwischen externem point of view
(Distanz zum Erzählten) und internem point of view **(Nähe zum
Erzählten)**.

Beim **Erzählverhalten** unterscheidet man grundsätzlich folgende Dreier-Typologie:

3.6 Stil und Sprache

Auktoriales Erzählverhalten: Der Erzähler gibt sich als eigenständige Instanz zu erkennen. Er kommentiert, reflektiert und urteilt. Auf der Grundlage eines „externen point of view" offenbart er ein umfassendes Wissen über das Erzählte. Dies schließt die **Innensicht, Wissen um Vorgeschichte und zukünftige Entwicklungen** ein. Ein für den auktorialen Erzähler typische Erzählhaltung ist die Ironie. Auch Humor und Leseransprache sind Zeichen auktorialen Erzählens.

Kommentiert und reflektiert

Neutrales Erzählverhalten: Der Erzähler gibt sich nicht als eigenständige Instanz zu erkennen, sein Verhältnis zum Erzählten ist unspezifisch und somit neutral. Dieses Erzählverhalten neigt zum „externen point of view", aber nicht notwendig zur Innensicht.

Dialoge, Erzählerbericht

Personales Erzählverhalten: Der Erzähler nähert sich erkennbar dem Standpunkt der erzählten Figur an. Dies gilt besonders dann, wenn er mit Innensicht erzählt. Darbietungsweise sind erlebte Rede oder innerer Monolog.

Erlebte Rede

Erzählt wird *Krabat* in der **Er-Form mit überwiegend auktorialem Erzählverhalten**. Ein Beispiel für das auktoriale Erzählverhalten ist das Wissen der erzählenden Instanz von Krabats Flucht aus dem Pfarrhaus (S. 27). Wechselrede (Dialog) zeigt ein neutrales Erzählverhalten an:

Krabat: Überwiegend auktoriales Erzählverhalten

> „‚Du – Tonda?'
> ‚Was gibt's?'
> ‚Ist das immer so in der Schwarzen Schule? Der Meister liest einen Abschnitt aus dem Koraktor vor und dann heißt es: Sieh zu, wie du ihn im Kopf behältst...'" (S. 47)

Themen und Motive

Motive sind die kleinsten Einheiten der Romanhandlung. Preußler arbeitet mit zentralen Motiven, die sich wiederholen. Erste Ein-

Narrative Verknüpfung

3.6 Stil und Sprache

drücke, die der Leser bei der Rezeption gewinnt, können sich durch die **Motivwiederholungen** verdichten und so eine erzählte Welt formen. Gleichzeitig sorgen die Motivwiederholungen für die **Verbindung der einzelnen Kapitel** miteinander, so dass durch diese Art der narrativen Verknüpfung schließlich ein komplexes erzählerisches Ganzes entsteht. Beispiele und Effekt der wichtigsten Motive werden im Folgenden dargestellt und erläutert:

MOTIV	ERSTNENNUNG	WIEDERHOLUNG	EFFEKT
Drudenfuß (Auswahl)	„‚Was ein Drudenfuß ist‘, fragte Tonda, ‚das weißt du wohl?‘" (S. 50)	„Beim dritten Mal glückte es Krabat, den Drudenfuß fehlerlos in den Sand zu zeichnen." (S. 51); „Er gesellte sich zu den anderen Mühlknappen, die im hinteren Teil des Ganges standen und auf die Morgengrütze zu warten schienen – alle, wie Tonda und er, mit dem Drudenfuß auf der Stirn." (S. 53); „Dann tauchte sie einen Zipfel des Umtuches in den Krug mit Osterwasser – und ohne ein Wort zu sagen, wischte sie Krabat den Drudenfuß von der Stirn: ganz sachte und ohne Eile, wie selbstverständlich. Da war es dem Burschen, als habe sie einen Makel von ihm genommen." (S. 201); „Der Drudenfuß! Krabat erschrak. Wenn er ohne das Mal in die Mühle zurückkehrte, musste der Meister Verdacht schöpfen, unausweichlich." (S. 202); „In der Küche zog Juro um Tisch und Stühle den Zauberkreis mit dem Drudenfuß und den Kreuzen." (S. 217 f.).	Der Drudenfuß (Pentagramm) gilt als das Symbol des Teufels. Die Zitate S. 50 und S. 51 sind eine Anspielung auf die außergewöhnliche Form des Pentagramms mit seiner fünfzähligen Symmetrie. Das Zitat S. 53 steht für die okkulte Gemeinschaft der Müllerburschen und die Herrschaft des Meisters über sie, wie aus Zitat S. 202 hervorgeht. Das Zitat S. 217 f. repräsentiert das magische Vermögen des Pentagramms, das Zitat S. 201 die Auslöschung der magischen Kraft durch das Prinzip des Guten und der Reinheit, das durch die Kantorka personifiziert wird. Vgl. auch Abbildung S. 31.

3.6   Stil und Sprache

MOTIV	ERSTNENNUNG	WIEDERHOLUNG	EFFEKT
Freund-schaft (Aus-wahl)	„Es war gut, einen Freund zu haben in dieser Mühle, das spürte er." (S. 20)	„,Ein Andenken', sagte der Jun-ge. ,Von einem Mädchen wohl?' ,Nein', sagte Krabat. ,Von einem Freund, wie es keinen mehr geben wird auf der Welt.'" (S. 96); „Ich hatte da einen guten Freund, wie ihr wissen müsst – der hieß Jirko." (S. 147); „Ich aber hab die Ge-schichte mit Jirko nicht geträumt, damals in Ungarn: Ich hab ihn er-schossen! Ich hab meinen Freund getötet, ihn töten müssen – wie Krabat es auch getan hat, wie jeder von euch es an meiner Stelle getan hätte, jeder!" (S. 230); „,Dies', meinte Krabat, ,vermag ich dir heute noch nicht zu sagen. Ich werde dir Botschaft senden, wenn es so weit ist, notfalls durch einen Freund.'" (S. 237 f.).	Das Motiv der Freundschaft ist ambivalent, denn es repräsen-tiert Hilfe und gleichzeitig den Verlust. Der Aspekt des Verlustes lässt sich ableiten aus den Zitaten S. 96, S. 147 und S. 230: Sie verbinden den Verlust der Freundschaft mit dem Tod (nur im Zitat S. 230 wird der Verlust durch Tod klar benannt), weshalb es mit dem Todesmotiv (vgl. S. 102) korrespondiert. Der Aspekt der Hilfe und Un-terstützung erscheint in den Zitaten S. 20 und S. 237 f.
Liebes-beweis	„,Ja', sagte Juro. ,Und du bist der Erste und Einzige, dem ich es anver-traue. Es gibt einen Weg, um dem Meis-ter das Handwerk zu legen: nur ei-nen! Wenn du ein Mädchen kennst, das dich lieb hat – das könnte dich retten. Falls sie den Meister bittet, dich freizugeben, und falls sie die vorge-schriebene Probe besteht.'" (S. 213)	„Wenn ein Mädchen dich lieb hat, kann sie am letzten Abend des Jahres zum Meister kommen, dich freizubitten. Besteht sie die Probe, die er ihr abverlangt, dann ist er es, der in der Neujahrsnacht sterben muss." (S. 218); „Die Kantorka zögerte keinen Augenblick. ,Dein Leben', sagte sie, ,ist mit das mei-ne wert. Wann soll ich zum Müller gehen dich freizubitten?'" (S. 237); „,[...] wie hast du mich unter den Mitgesellen herausgefunden?' ,Ich habe gespürt, dass du Angst hattest', sagte sie, ,Angst um mich: daran habe ich dich erkannt.'" (S. 256).	Das Motiv des Liebesbeweises ist antagonistisch gesetzt zum Todesmotiv. Hier wird die reine und aufrichtige (christli-che) Liebe repräsentiert.

3.6 Stil und Sprache

MOTIV	ERSTNENNUNG	WIEDERHOLUNG	EFFEKT
Die Mühle (Auswahl)	„Dann sagte die Stimme: ‚Komm nach Schwarzkollm in die Mühle, es wird nicht zu deinem Schaden sein!'" (S. 12)	„Meide den Koselbruch und die Mühle am Schwarzen Wasser, es ist nicht geheuer dort …'" (S. 14); „Jetzt sah Krabat die Mühle. Da lag sie vor ihm, in den Schnee geduckt, dunkel, bedrohlich, ein mächtiges, böses Tier, das auf Beute lauert." (S. 14); „Es war gut, einen Freund zu haben in dieser Mühle, das spürte er." (S. 20); „Die Mühle im Koselbruch hatte sieben Mahlgänge. Sechs wurden ständig benützt, der siebente nie; deshalb nannten sie ihn den Toten Gang." (S. 32); „Und nun war er selber in eine von diesen Schulen geraten, die zwar als Mühle galt; doch es schien sich […] herumgesprochen zu haben, dass hier nicht alles mit rechten Dingen zuging: was sonst hätte die Leute vom Koselbruch ferngehalten?" (S. 41); „Du aber, Krabat – du weißt es nun und du weißt es rechtzeitig: Gib, wenn du je ein Mädchen hast, ihren Namen nicht preis auf der Mühle!" (S. 50); „Am Nachmittag trugen sie Tonda in einem Fichtensarg aus der Mühle hinaus in den Koselbruch, auf den Wüsten Plan." (S. 90); „‚Das erste Jahr auf der Mühle im Koselbruch gilt für drei', meinte Michal." (S. 100 f.); „Weil du immer noch nicht gemerkt hast, was hier gespielt wird, auf dieser verfluchten Mühle! […] Ich werde dir etwas sagen, Krabat – ich, der ich all die	In der Literaturwissenschaft ist die Mühle das Symbol für eine magisch-rätselhafte Technik: Das Rätselhafte dieser Technik wird verknüpft mit der Entfremdung des Menschen vom Natürlich-Religiösem. In zahlreichen Sagen und Volksmärchen wird die Mühle vom Teufel erbaut, dem dafür vom Müller ein Mahlgang zugesprochen wird. Dieses Motiv wird in *Krabat* durch das Zitat S. 32 repräsentiert. Eingeführt wird das Mühlenmotiv im Kontext mit Fremdbestimmung (vgl. S. 12). Das Magische der Mühle lässt sich aus den Zitaten S. 41 und S. 100 f. ableiten. Der Aspekt der Bedrohung erschließt sich aus den Zitaten S. 14, S. 20, S. 50 und S. 212. Das Bedrohliche (vgl. auch Korrelation mit der Farbe Schwarz: Schwarzkollm; am Schwarzen Wasser) erfährt eine Steigerung ins Vernichtende, wie aus den Zitaten S. 90 und S. 255 geschlossen werden kann.

3.6 Stil und Sprache

MOTIV	ERSTNENNUNG	WIEDERHOLUNG	EFFEKT
		Jahre hindurch den Dummen gespielt habe. Wenn du so weitermachst, wirst du auf dieser Mühle der Nächste sein, der dran glauben muss." (S. 212); „Der Meister, sie wussten es alle, würde den Neujahrstag nicht erleben. Um Mitternacht musste er sterben, dann würde die Mühle in Flammen aufgehen." (S. 255).	
Raben (Auswahl)	„Elf Raben saßen auf einer Stange und blickten ihn an." (S. 12)	„Hierauf erhoben die Raben sich von der Stange und krächzten: ‚Gehorche der Stimme des Meisters, gehorche ihr!'" (S. 12); „Mit Krächzen und Flügelschlagen strichen elf Raben an Krabat vorbei, durch die Kammertür." (S. 40); „Krabat, der Rabe Krabat, breitete folgsam die Schwingen aus und erhob sich zum Flug." (S. 40); „Der Müller bestimmte bald diesen Raben, bald jenen und fragte ihn ab." (S. 42); „Hiermit schloss er die Unterweisung, die Tür tat sich auf, die Raben entschwirrten." (S. 43); „Dann verwandelten sich die Müllerburschen in Raben und schwangen sich in die Lüfte." (S. 79).	Der Rabe ist in der Literaturwissenschaft das Symbol der Weisheit und Fürsorge, aber auch des Todes, der Sünde und des Dämonischen. Im Kontext mit *Krabat* scheiden Weisheit und Fürsorge aus, die Raben repräsentieren das Dämonische, Tod und Sünde. Aus den Zitaten geht hervor, dass die Raben Geschöpfe des dämonischen Meisters (vgl. Teufelspakt) sind.

3.6 Stil und Sprache

MOTIV	ERSTNENNUNG	WIEDERHOLUNG	EFFEKT
Der Teufel (Auswahl)	„Auf dem Kutschbock saß einer mit hochgeschlagenem Mantelkragen, den Hut in die Stirn gezogen, nachtschwarz auch er. Nur die Hahnenfeder, die er am Hut trug – die Feder war hell und rot." (S. 36)	„Der Fremde, das sah er gerade noch, fuhr mit Peitschengeknall durch die nassen Wiesen davon, auf den Wald zu – und seltsam: der schwer beladene Planwagen hinterließ keine Spur im Gras." (S. 37); „,Du weißt, wer er ist?' ,Nur der Meister weiß das. Er nennt ihn den Herrn Gevatter – und fürchtet ihn.'" (S. 60); „Neumonds, wenn der Gevatter mit seinem Mahlgut vorfuhr, musste der Müller jetzt wieder mithalten bei der Arbeit. Er tat es mit großem Eifer, als gelte es, den Gesellen zu zeigen, was Zupacken heißt – oder war es ihm mehr um den Herrn Gevatter zu tun?" (S. 109); „Zum ersten Mal hörte Krabat den Fremden sprechen. Es war eine Stimme wie glühende Kohlen und klirrender Frost in einem." (S. 158); „In der Woche vor Weihnachten fuhr noch einmal der Herr Gevatter im Koselbruch vor. [...] Der Fremde blieb nicht wie sonst auf dem Kutschbock sitzen: in dieser Neumondnacht stieg er vom Wagen und hinkend begab er sich mit dem Meister ins Haus." (S. 243); „Im Morgengrauen kehrte der Fremde zum Wagen zurück, allein, und bestieg den Bock. Bevor er davonfuhr, wandte er sich den Burschen zu. ,Wer ist Krabat?' Glühende Kohlen und Frost in einem. ,Ich', sagte Krabat mit einem Würgen im Hals und trat vor. Der Fuhrmann betrachtete ihn und nickte. ,Ist gut.' Dann schwang er die Peitsche und rumpelte mit dem Wagen davon." (S. 244).	Das Teufelsmotiv ist mit dem Herrn Gevatter verknüpft: Er ist die Personifizierung des Teufels. (Vgl. Zitat S. 36, in dem der Fremde als „nachtschwarz" beschrieben wird). Die Farbe Schwarz ist in der Literatur das Symbol des Teufels, der Sünde und des Bösen (vgl. auch Motiv der Mühle). Die rote Hahnenfeder an seinem Hut ist ein weiterer Hinweis: Rot symbolisiert in der Literatur Macht, der rote Hahn das Feuer (vgl. das Höllenfeuer). Mittelalterliche Darstellungen zeigen den Teufel mit einem Pferdefuß, weshalb er gewöhnlich hinkt (vgl. Zitat S. 243). Mit dem Teufel sind unheimliche Phänomene (Zitate S. 37, S. 158) und Angst und Grauen (Zitate S. 60, S. 109, S. 244) verbunden. Die Zitate S. 243 und S. 244 deuten auf den Teufelspakt zwischen dem Gevatter und dem Meister hin.

3.6 Stil und Sprache

MOTIV	ERSTNENNUNG	WIEDERHOLUNG	EFFEKT
Teufels- pakt	„Er hat einen Pakt mit dem … nun, mit dem Herrn Gevatter. Alljährlich muss er ihm einen von seinen Schülern zum Opfer bringen, sonst ist er selber dran." (S. 213)	„‚Tonda', hielt er dem Meister entgegen, ‚ist tot und Michal ist auch tot. Wer sagt mir denn, dass ich nicht der Nächste bin?' ‚Das verspreche ich dir.' Der Müller hielt ihm die linke Hand hin. ‚Mein Wort darauf – und zugleich das des Herrn Gevatters, der mich zu diesem Versprechen ermächtigt hat, eigens und ausdrücklich.'" (S. 245)	Das Motiv des Teufelspaktes ist dem Meister zuzuordnen. Wie aus dem Zitat S. 213 hervorgeht, ist er einen „Deal" mit dem Herrn Gevatter eingegangen: Mit dem Teufel verhandelt der Meister über Leben und Sterben der Müllerburschen (S. 245), aber auch über seine eigene Existenz (Zitat S. 213).
Der Tod (Aus-wahl)	„Schon einmal war Krabat weggelaufen: Bald nach dem Tod seiner Eltern, die letztes Jahr an den Pocken gestorben waren; [...]." (S. 27)	„Wir müssen – wie alle – die Osternacht unter freiem Himmel verbringen, je zwei miteinander an einer Stelle, wo jemand gewaltsam zu Tode gekommen ist." (S. 46 f.); „Am Neujahrsmorgen fanden sie Tonda. Mit dem Gesicht nach unten lag er am Fuß der Bodenstiege." (S. 89); „Sie begruben den Toten hastig und ohne Umstände." (S. 90); „Sie aßen wenig und sprachen nicht viel, besonders nicht über Tondas Tod." (S. 95); „‚Die Toten sind tot', sagte Michal. ‚Sie werden nicht wieder lebendig, wenn man von ihnen spricht.'" (S. 105); „Langsam schritt er die Reihe hinauf und legte auf jeden Hügel eine der Kuckucksblumen. Zum Schluss blieb ihm eine übrig. Er drehte den Stängel zwischen den Fingern, betrachtete sie und sagte: ‚Dem Nächsten, den wir hier draußen begraben werden …'" (S. 143); „‚Aus Jirko?' Der Meister umfasste mit beiden Händen den Weinkrug. – ‚Den hab ich	Das Todesmotiv durchzieht den gesamten Roman und erscheint schon früh, so in jener Sequenz, in der der Leser vom Pockentod der Eltern Krabats erfährt (S. 27). Der Tod erscheint hier als Unglück, aber Mord (S. 89, 150, 164 f., 219) und Selbstmord (S. 214) finden sich im Roman weit häufiger repräsentiert. Eine in diesem Zusammenhang exponierte Person ist der Meister (S. 188, 254), der durch seine weiße Färbung (vgl. S. 70 der Erläuterung) als Todesbote gekennzeichnet ist. Das Zitat S. 255 steht für eine Umkehrung der Verhältnisse: Der Meister tötet nicht, er selbst wird sterben. Der Text zeigt an vielen Stellen, dass der Tod ein ständiger Begleiter im Leben der Müllerburschen ist, was sie zu verdrängen versuchen.

3.6   Stil und Sprache

MOTIV	ERSTNENNUNG	WIEDERHOLUNG	EFFEKT
		umgebracht.'" (S. 150); „Krabat erinnerte sich des Gesprächs mit Tonda, das sie im Vorjahr um diese Zeit geführt hatten: War den Burschen auch diesmal die Angst in die Knochen gefahren, weil einem von ihnen der Tod bevorstand?" (S. 161); „Am Neujahrsmorgen fanden sie Michal. Er lag in der Mehlkammer auf dem Boden, der Wiegebalken war von der Decke gefallen, er hatte ihm das Genick zerschlagen." (S. 164 f.); „‚Wer auf der Mühle stirbt, das bestimme ich!', rief er. ‚Ich allein!'" (S. 188); „‚Sprichst du von Worschula?' ‚Ja', sagte Juro. ‚Der Meister hat ihren Namen zu früh erfahren, er hat sie mit Träumen gepeinigt, das gibt es, bis sie aus lauter Verzweiflung ins Wasser gegangen ist.'" (S. 214); „Sie haben den Neujahrsmorgen nicht mehr erlebt, Janko nicht und das Mädchen auch nicht." (S. 219); „Bleibt, wo ihr seid – und dass keiner mir einen Mucks macht! Auch du nicht Krabat! Beim ersten Laut, den ich von dir höre, stirbt sie!" (S. 254); „Der Meister, sie wussten es alle, würde den Neujahrstag nicht erleben. Um Mitternacht musste er sterben, dann würde die Mühle in Flammen aufgehen." (S. 255).	

3.6 Stil und Sprache

Stilmittel

STILMITTEL	DEFINITION	TEXTBELEG
Anakoluth	Satzabbruch	„Hier eine Wolljacke auf dem Fußboden, dort eine Mütze, ein Halstuch, ein Gürtel – deutlich zu sehen alles im Widerschein eines zuckenden roten Lichts vor dem Giebelfenster …" (S. 36)
Imperativ	Befehlsform	„‚Ausfegen!' sagte der Meister." (S. 20)
Interjektion	Ausruf	„Ach du grüne Sieben!' rief Krabat." (S. 67)
Metapher	Mittel des uneigentlichen Sprechens, bildhafter Ausdruck aus einer anderen Begriffswelt ohne Vergleichspartikel	„Jetzt sah Krabat die Mühle. Da lag sie vor ihm, in den Schnee geduckt, dunkel, bedrohlich, ein mächtiges böses Tier, das auf Beute lauert." (S. 14)
Onomato-poeia	Lautmalerei: Verbildlichung durch Nachahmung von Geräuschen bzw. Klängen	„Da stand sie, umgeben von einer gackernden Hühnerschar [...], eine Strohschüssel in der Hand und streute den Hühnern Futter hin: ‚Putt-putt-putt! Putt-putt-putt!'" (S. 160)
Epipher	Wiederholung eines Wortes oder einer Wortgruppe am Ende aufeinanderfolgender Sätze, Satzteile, Textabschnitte oder Verse	„[...] nicht Michal und Merten [...]; nicht Andrusch [...] und nicht Hanzo [...]; auch Petar nicht [...] und nicht Staschko [...]. (S. 24)
Vergleich	Gedankenfigur durch Nebeneinanderstellung zweier Wortinhalte mit dem Vergleichswort „wie"	„Es war wie ein böser Traum, der kein Ende nahm: Mehlstaub und wieder Mehlstaub in dichten Schwaden, wie Nebel, wie Schneegestöber." (S. 20)

3.7 Interpretationsansätze

In diesem Kapitel beschäftigen wir uns mit der Einordnung *Krabats* als einen Adoleszenzroman und beleuchten die Figur der Kantorka als Erlöserin im christlichen Sinne.

ZUSAMMEN-
FASSUNG

Krabat als Adoleszenzroman

Adoleszenz (lat.) bedeutet Jugendalter. Sie beginnt in der Pubertät und endet mit dem Erwachsenenalter, umfasst also in etwa die
Zeit vom 14. bis zum 25. Lebensjahr. Entsprechend ist der **Protagonist** (seltener eine Protagonistin) des Adoleszenzromans häufig
zwischen 12 und 25 Jahre alt. Krabat, der Protagonist in Preußlers Roman, ist zu Beginn der Handlung 14 Jahre alt und am Ende
nahezu zwanzig Jahre.[32]

Vom Kind zum
Erwachsenen

Der Adoleszenzroman ist eine **Subgattung des Jugendromans**.
Johann Wolfgang von Goethes *Die Leiden des jungen Werther* (1774)
und Karl Philipp Moritz' *Anton Reiser* (1785–1790) werden literatur-
geschichtlich als die ersten Adoleszenzromane angesehen. J. D. Sa-
lingers *The Catcher in the Rye* (1951; dt. *Der Fänger im Roggen*), *Crazy*
(1999) von Benjamin Lebert oder Wolfgangs Herrndorfers *Tschick*
(2010) gelten als modernere Beispiele eines Adoleszenzromans.

Typisch für den Adoleszenzroman ist die Darstellung der Iden-
titäts- und Sinnsuche des Protagonisten und damit verbunden die
Entwicklung eines eigenen Wertesystems. Der Adoleszenzroman
endet in der Regel nicht mit einem Happy End, der Prozess der Iden-
titätsfindung scheitert häufig oder er **bleibt am Romanende offen**,
wie es bei *Krabat* der Fall ist. Der Leser erfährt hier nur, dass Krabat

Identitäts- und
Sinnsuche

---

32   Vgl. S. 100: Das erste Jahr auf der Mühle gilt wie drei Jahre.

3.7 Interpretationsansätze

mit der Kantorka die Mühle verlässt und nach Schwarzkollm geht (S. 256), über die weitere Entwicklung Krabats erfährt der Leser von Preußlers Roman nichts.[33]

Fragen

Was initiiert die Entwicklung eines eigenen Wertesystems, eines **moralischen Bewusstseins** bei Krabat? Zunächst ist der Bettlerjunge froh, genug zu essen und ein Dach über dem Kopf zu haben (S. 26), auch die Macht der Zauberer „über Fürsten und Könige" (S. 116) gefällt ihm. Es ist der Verlust seines Vertrauten Tonda und später auch Michals, der ihn die Verhältnisse auf der Mühle hinterfragen lässt. Er geht in **Opposition zum Meister** und will sich an dessen Verbrechen nicht mitschuldig machen (S. 246). Mehr noch, er will all die Menschen rächen, dessen Tod der Meister[34] zu verantworten hat. Vorher nur an einem guten Leben interessiert, bezieht Krabat jetzt Stellung, wobei er **ein hohes persönliches Risiko** eingeht. In der Folge lernt er, Juro und der Kantorka zu vertrauen und bittet sie um Hilfe.

Träume als darstellerische Mittel

Konstitutiv für den Adoleszenzroman ist also die **Darstellung psychischer Prozesse**. Darstellerische Mittel sind in *Krabat* u.a. die Traumsequenzen, in denen Preußler Krabats Entwicklungsphasen darstellt.[35] Ausgangspunkt ist der erste, sich drei Mal wiederholende, suggestive Traum, in dem **Krabat zur Mühle** gerufen wird (S. 12–13): Er kann sich nicht entziehen und geht fremdbestimmt zur Mühle – trotz der Warnung des alten Mannes. Im zweiten Traum imaginiert er einen **Streit mit dem Meister** und versucht dreimal aus der Mühle fortzulaufen, wobei der Leser bereits hier von Tondas Grab erfährt und einer möglichen Annäherung Juros an Krabat

---

33 In Martin Nowak-Neumanns *Mister Krabat* wird auch über den Tod des Meisters hinaus von Krabat erzählt. Vgl.: Fritz, Heiko: *Märchenhaft Vermischtes: Aufsätze und Aphorismen.* S. 104.
34 Der Meister als Personifikation des Bösen, vgl. auch 3.7 Krabat als Erlösergeschichte, S. 108.
35 Zudem sind sie Prolepsen. Mit einer Prolepse wird ein in der Zukunft liegendes Ereignis vorwegnehmend erzählt. Das Gegenstück ist die Analepse, mittels derer retrospektiv erzählt wird.

3.7 Interpretationsansätze

(S. 28–31). Dieser Traum weist den Leser auf Zukünftiges hin (Prolepse), nämlich auf den Tod Tondas und die Kooperation Juros mit Krabat. **Krabats psychische Verfassung erscheint orientierungslos**.

In seinem dritten Traum **spricht Krabat mit dem inzwischen toten Tonda** (S. 103–104). Auch dieser Traum repräsentiert Krabats Orientierungslosigkeit, darüber hinaus empfindet er aber auch Angst. Dieses Gefühl steigert sich im vierten Traum, der ein wahrer Angsttraum ist, in welchem er von einem Sarg verfolgt wird (S. 162–164). Gleichzeitig ist der Traum ebenfalls eine Prolepse, denn er verweist auf die spätere Todesdrohung des Meisters.

Auch der fünfte Traum ist eine Vorausdeutung: Hier widersetzt sich die Kantorka dem Willen des Meisters und geht mit Krabat fort (S. 180–182). In diesem Traum **flieht Krabat bewusst vor dem Meister**, doch er hat der Stärke des Meisters, der ihn verfolgt, noch nichts entgegenzusetzen. Im sechsten Traum sind die Verhältnisse schon anders (S. 225–229): Krabat **widersetzt sich bewusst dem** Befehl des Meisters, Juro zu töten. Die Freundschaft und Kooperation mit Juro stärkt Krabats Willenskraft, er gewinnt zunehmend Macht über den Meister.

Krabats Entwicklung

Im folgenden Traum (S. 248) wird Krabat mit den **Folgen des Verlusts der Zauberkraft** konfrontiert, doch auch dies lässt ihn nicht wanken. Der nächste Traum ist eine Art **Schlüsseltraum**, denn in ihm tötet Krabat als Fuchs den in einen Hahn verwandelten Meister (S. 249–252). Krabats Zuversicht, den Meister besiegen zu können, wächst. Gleichzeitig wird in diesem Traum der **Tod des Meisters** vorweggenommen.

Letztendlich aber wird der Meister im Roman nicht durch irgendeinen „Verwandlungsfirlefanz" besiegt, sondern durch die Liebe. Obwohl er selbst in größter Gefahr schwebt, hat Krabat **Angst um die Kantorka** (vgl. auch S. 207): Er, der sich vor einiger Zeit noch

Liebe zu einem Mädchen

3.7 Interpretationsansätze

nicht für Mädchen interessierte (S. 50), bangt nun um ihr Leben, was ebenfalls ein **Ergebnis seiner psychischen Entwicklung** ist.

Krabat als Erlösungsgeschichte

Erlösungsgeschichten sind religiös konnotiert und thematisieren die **Befreiung des Menschen von Schuld und Vergänglichkeit**. Erlösungsgeschichten gibt es in allen Weltreligionen, so auch in der christlichen Religion. Gemäß der christlichen Lehre kann ein Mensch **sein Leiden an der Welt überwinden**, allerdings nicht aus eigener Kraft, weshalb er eines Erlösers bedarf (z.B. Jesus Christus).

Was bedeutet das für *Krabat*? In Preußlers *Krabat* gibt es eine Dichotomie[36] zwischen **Christentum und Heidentum**, die prägend ist für den Roman: Diese beiden Welten stellt Preußler anhand von Symbolen und Handlungssträngen gegensätzlich dar.

Ein prägnantes Beispiel für die heidnische Welt ist das **Osterritual auf der Mühle**. Zu jedem Osterfest werden die Mühlknappen vom Meister an einen Ort geschickt, an dem jemand ums Leben gekommen ist (vgl. „Bäumels Tod"):

> „‚Und wir?', fragte Krabat. ‚Weshalb sind wir hier?'
> ‚Weil der Meister es so verlangt', sagte Tonda. ‚Wir müssen – wie alle – die Osternacht unter freiem Himmel verbringen, je zwei miteinander an einer Stelle, wo jemand gewaltsam zu Tode gekommen ist.'" (S. 46–47)

Dieses makabre Ritual dient nicht etwa dem Gedenken an den unglücklichen Toten, sondern eher an eine **Verherrlichung des Todes**. Es gipfelt im Zeichnen eines Drudenfußes auf die Stirn des jeweils anderen – „das Mal" der geheimen Bruderschaft (S. 51) –

--- ---

36 Zweiteilung.

Am linken Rand:

Erlösung vom Leiden

Heidnische Welt

Geheime Bruderschaft

3.7 Interpretationsansätze

und im Treueschwur auf den Meister (S. 53), der einen beinahe **gott-
gleichen Status** auf der Mühle hat und der die heidnische Welt repräsentiert. Durch diese Handlung setzen sich der Meister und seine Müllerburschen von der christlichen Welt ab und konterkarieren
den Geist des Osterfestes.

Anders wird das **Osterfest in den umliegenden Dörfern** gefeiert.
Die Glocken läuten, die Mädchen ziehen singend durch die Orte,
so auch durch Schwarzkollm:

> „Krabat kannte das von daheim. In der Osternacht pflegten die
> Mädchen singend die Dorfstraße auf und ab zu ziehen, von Mit-
> ternacht bis zum Morgengrauen. Sie gingen zu dreien und vieren
> nebeneinander in dichten Reihen und eine von ihnen, das wusste
> er, war die Kantorka: sie mit der schönsten und reinsten Stimme
> von allen, ging in der ersten Reihe und durfte vorsingen – sie
> allein." (S. 49)

In ihren Liedern transportieren die Sängerinnen die **Osterbotschaft**:

> „Erstanden ist
> Der heilig Christ,
> Halleluja,
> Halleluja!" (S. 49)

Die Kantorka repräsentiert somit die christlich geprägte Welt.
Schon ihr Aussehen ist ein Gegenentwurf zur heidnischen Welt mit
dem massiven und einäugigen Meister: Sie besitzt helles Haar und
helle Augen und eine stolze Haltung (S. 122–123). Tugend strahlt sie
aus, „im strengen Rahmen von Stirnband und Häubchen" (S. 123).
Sie trägt weißes Leinen (S. 236), ebenso wie Jesus Christus, dessen

Christliche Welt:
Osterbotschaft

3.7   Interpretationsansätze

Körper vor seiner Auferstehung in ein weißes Leinentuch gehüllt worden sein soll. Damit wird die Kantorka eindeutig **dem christlichen Kontext zugeordnet**. Als Krabat die Kantorka zum ersten Mal singen hört, ist er auf eine Art verzaubert, die mit den magischen Ritualen, die er von der Mühle kennt, nichts zu tun haben:

> „Die Glocken tönten von ferne, die Mädchen sangen und Krabat, am Feuer unter dem Holzkreuz sitzend, traute sich kaum zu atmen. Er lauschte nur – lauschte zum Dorf hinüber und war wie verzaubert." (S. 49)

Krabat leidet an der heidnisch-okkulten Welt

Als er sich später nicht mehr an die Stimme der Kantorka erinnert, ist er traurig (S. 119). Seine Liebe zur Kantorka bedeutet nicht nur eine tiefe Zuneigung zu der jungen Frau, sondern auch eine große **Sehnsucht nach der christlichen Welt** – einer Welt ohne Teufelspakt und allseits präsentem Tod. Krabat lebt in der heidnisch-okkulten Welt, doch in ihr zu Hause ist er nicht. Er möchte diese Welt überwinden, doch aus eigener Kraft schafft er es nicht. Seine Träume von der Kantorka und seine Treffen mit ihr sind eine Art Kontaktaufnahme mit dieser von ihm ersehnten, anderen Welt. Als die Kantorka ihm den Drudenfuß von der Stirn wischt, fühlt er sich gereinigt:

> „Dann tauchte sie einen Zipfel des Umtuches in den Krug mit dem Osterwasser – und ohne ein Wort zu sagen, wischte sie Krabat den Drudenfuß von der Stirn: ganz sachte und ohne Eile, wie selbstverständlich.
> Da war es dem Burschen, als habe sie einen Makel von ihm genommen. Und Krabat war ihr unendlich dankbar: dass es sie gab und dass sie ihm gegenüberstand und ihn anblickte." (S. 201)

3.7   Interpretationsansätze

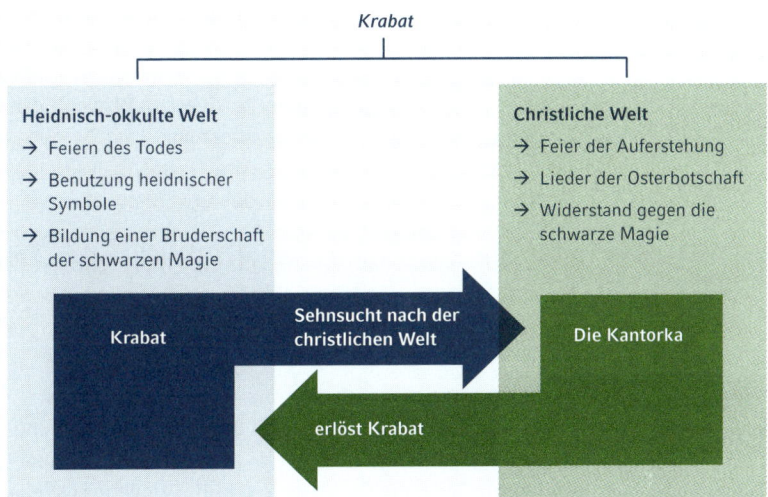

Mit ihrer gelungenen Freisprechung **holt die Kantorka Krabat in die christliche Welt** zurück, sie erlöst ihn aus der heidnisch-okkulten Welt. Ihre Hilfe und ihre Reinheit und Makellosigkeit in Kombination mit ihrer Einbettung in den christlichen Kontext machen die Kantorka zu einer **Erlöserfigur**.

Erlösung durch die Kantorka

4. REZEPTIONSGESCHICHTE

**ZUSAMMEN-
FASSUNG**

→ *Krabat* wurde vom Publikum zunächst ambivalent, dann jedoch überwiegend positiv aufgenommen.

→ In der Literaturwissenschaft wurden eine Analyse der Motive sowie eine Gattungszuordnung vorgenommen.

→ *Krabat* wurde zweimal verfilmt, mehrfach als Hörbuch und Hörspiel bearbeitet und für die Bühne adaptiert (Theater, Oper, Ballett).

Der Roman in der Kritik

Unzeitgemäß

Krabat wurde vom Publikum nach seiner Veröffentlichung 1971 eher **ambivalent aufgenommen**. Einerseits wurde die „poetische Bildersprache"[37] gelobt, andererseits kritisierten Rezensenten *Krabat* als unzeitgemäß, da er „aufgrund seines Bezugs auf Märchen- und Sagenmotive der Tendenz der zeitgenössischen Kinder- und Jugendbuchliteratur, durch realistische Erzählungen die Emanzipation und Gesellschaftskritik zu thematisieren, widersprach."[38]

Heute begeistert das Buch, wie aktuelle Rezensionen zeigen. Auf der Homepage des Schweizerischen Instituts für Kinder- und Jugendmedien wird der Roman als „packend"[39] beschrieben:

„Die unheilvolle Grundstimmung zieht die Leserinnen und Leser von Anfang an in ihren Bann und die Geschichte bleibt spannend bis zum Schluss."[40]

---

37 Schmitt, Maike: *Krabat. Die Aktualität eines Sagenstoffes in Literatur und Film*. S. 47.
https://opus4.kobv.de › opus4-btu › files › Krabat_Buch_RZ2
38 Ebd., S. 47.
39 https://www.sikjm.ch/rezensionen/datenbank/?id=1986&c=1&author=Otfried%20Preussler
40 Ebd.

Für **Melanie Frommholz** ist der Roman zwar „etwas in die Jahre gekommen"[41], aber nach wie vor „eine Parabel für tiefe Freundschaft, den Preis des Egoismus und die rettende Macht der echten Liebe", die auch für ältere Leser durchaus ihren Reiz hat. Auch sie macht in dem Roman eine eigene Stimmung aus, die sie „gruselig" nennt.

Ein Buch über Freundschaft und Liebe

Magdalena Steinhagen rezensiert *Krabat* als zeitlos und ebenfalls von einer eigenen Grundstimmung:

> „Otfried Preußlers Roman *Krabat* vermag es durch eine schaurige Handlung zu fesseln und bereitet Jugendlichen ab 14 Jahren ein spannendes Lesevergnügen. Mit der Konfrontation des jungen Helden mit den Verlockungen durch das Böse behandelt der Roman eine zeitlose Thematik, welche diesem Tiefe und Komplexität verleiht."[42]

Für die überwiegend positive Rezeption spricht auch, dass der Roman **in über 30 Sprachen übersetzt** und sein Autor dafür vielfach ausgezeichnet wurde.

Krabat in der deutschen Literaturwissenschaft

An der Brandenburgischen Technischen Universität Cottbus erfuhr die Krabat-Sage eine gründliche literaturwissenschaftliche Untersuchung. Im Rahmen dieses Projektes geht die Literaturwissenschaftlerin **Maike Schmitt** in ihrem Aufsatz *Krabat. Die Aktualität eines Sagenstoffes in Literatur und Film* explizit auf Preußlers Roman ein und analysiert ihn hinsichtlich der Motive und der fantastischen

Krabat als Zaubermärchen

---

41 https://www.booksection.de/buch/167-Krabat

42 http://www.kinderundjugendmedien.de/index.php/literaturkritiken/164-krabat-schwarze-magie-und-schabernack-hexenkunst-als-alltagsphaenomen

Elemente im Roman und ordnet ihn in die literarische **Gattung der Zaubermärchen** ein:

> „Der Krabat-Stoff kann in die Gattung der Zaubermärchen eingeordnet werden. Diese findet man nicht nur in Volksmärchen, sondern auch in den Kunstmärchen der Romantik."[43]

Tradition und Innovation

In ihrer Analyse begründet sie auch literaturwissenschaftlich den **Erfolg der Preußler'schen Bearbeitung** der Krabat-Sage:

> „Der Blick auf die Neubearbeitungen des Krabat-Stoffes, ihre Rezensionen sowie auf entsprechende Sekundärliteratur hat die Aktualität und Popularität der Sage von ihrer Entstehung bis heute bewiesen. Gerade die Mischung aus Tradition (Sagen- und Märchenmotive) und Innovation (Adoleszenzroman, phantastische Elemente) macht Preußlers Bearbeitung der Sage so erfolgreich."[44]

Künstlerische Adaptionen von *Krabat*

1977 produzierte das tschechische Fernsehen auf der Grundlage des Romans einen **Animationsfilm** gleichen Namens. 1978 wurde der Film in der BRD ausgestrahlt, ein Jahr später, unter dem Titel *Krabat – Der Lehrling des Zauberers*, in der DDR.

Verfilmung

2008 wurde *Krabat* von dem Regisseur Marco Kreuzpaintner verfilmt mit David Kross in der Rolle der Krabat, Daniel Brühl als Tonda und Christian Redl als Meister (siehe Abbildung S. 115). Die **Verfilmung ist nicht werkgetreu** mit Preußlers *Krabat*: so spielt die Handlung während des Dreißigjährigen Krieges. **Otfried Preußler über die Verfilmung**:

---

43   Schmitt, S. 47. https://opus4.kobv.de › opus4-btu › files › Krabat_Buch_RZ2
44   Ebd., S. 53.

David Kross
(Krabat) und
Christian Redl
(Meister) in der
Verfilmung der
Krabat-Sage
(2008).
© picture-alliance/
dpa

„Marco Kreuzpaintner hat tatsächlich das Kunststück fertig gebracht sowohl dem Medium Film als auch meinem Buch gerecht
zu werden. Es ist ein höchst anspruchsvolles, in sich stimmiges
Ganzes entstanden."[45]

45   https://www.fbw-filmbewertung.com/uploads/fbwdb_film/infopdf/
     d10708b8021ea24405ebd6110d85511891241991.pdf

Hörbuch und Hörspiel

Krabat ist auch als **Hörbuch** erschienen, so 2007[46], 2010, 2017 und zuletzt 2018 eine hoch gelobte Fassung mit Felix von Manteuffel als Sprecher. 2010 produzierte der WDR ein gleichnamiges Hörspiel.

Auch für die **Bühne** wurde *Krabat* adaptiert. Im Jahr 2016 z. B. wurde das Stück bei den Bad Hersfelder Festspielen aufgeführt unter der künstlerischen Leitung von Joern Hinkel. 2017 erfolgte eine Aufführung im Comedia Theater Köln durch die Dramaturgen Katja Winke und Manuel Moser.

1983 wurde *Krabat* als **Kinderoper** nach einer Bühnenfassung von Otfried Preußler unter Cesar Bresgen uraufgeführt. Eine weitere Aufführung als Oper erfolgte im Mai 2007 am Nationaltheater Mannheim im Rahmen des Programms Junge Oper. Komponist ist Fredrick Zellers.

Eine Bearbeitung für **Ballett** erfuhr *Krabat* ebenfalls, so wurde *Krabat – Ein Ballett in drei Akten nach Otfried Preußler* unter Leitung des Choreographen Demis Volpi am Stuttgarter Ballett uraufgeführt.

Zeitlos

Otfried Preußlers *Krabat* ist **bis heute aktuell** und wird auch als **Schullektüre** gerne eingesetzt. Diese ungebrochene Aktualität dürfte in der zeitlosen Thematik von Gut gegen Böse begründet sein.

---

46 Hier liest Otfried Preußler selbst.

5.   MATERIALIEN

Die Krabat-Sage und ihre literarische Bearbeitung

Eine Sage wird, im Gegensatz zur Legende[47], ursprünglich mündlich
überliefert. Sie ist eine Erzählung mit einem historischen Hintergrund und nennt daher Personen, Ort und Zeit.

Die Krabat-Sage hat ihren Ursprung in der **Gegend um Hoyers-**   Erste Druck-
werda in der Lausitz. Die erste nachgewiesene gedruckte Fassung   fassung
der Sage erschien 1837 unter dem Titel *Von einem bösen Herrn in
Groß-Särchen*, Autor ist Joachim Leopold Haupt:

„In dieser Fassung der Sage wird von einem nicht näher benannten
‚bösen Herrn' gesprochen, der allerlei wunderbare Taten vollführt:
er fährt beispielsweise mit seiner Kutsche durch die Luft nach Dresden (nicht ohne dabei die Spitze vom Kamenzer Turm zu verbiegen)
oder verwandelt Haferkörner in Soldaten."[48]

Historische Figur soll der **Gutsverwalter Johann Kubitz** sein. Mit   Zweite Druck-
der Fassung von 1858 von Michael Hornig unter dem Titel *Krabat.*   fassung
Sage aus dem Volksmund erscheint erstmals **der Name Krabat**:

„Krabat lässt sich sprachgeschichtlich als zeitgenössische (deutsche, nicht sorbische) Aussprache von Kroate als ‚Crabanten' oder
‚Krabaten' erklären."[49]

Dieser Kroate war der **Obrist Johann von Schadowitz**, der bis 1704
in der sorbischen Region lebte. Er hatte gegen die Türken gekämpft

———

47   Sagenhaft ausgestaltete Erzählung vom Leben eines Heiligen oder Märtyrers.
48   Schmitt, S. 38. https://opus4.kobv.de › opus4-btu › files › Krabat_Buch_RZ2
49   Ebd.

und war von seinem Landesfürsten mit dem Gut Groß-Särchen[50] belohnt worden, was mit der Erstfassung der Sage von 1837 übereinstimmt. Neu in dieser Fassung ist die stoffliche Erweiterung um eine von Krabat besuchte „Schwarze Schule" und die Rettung Krabats durch seine Mutter. Erstmals erwähnt wird auch die Befreiung des Kurfürsten aus türkischem Arrest.

Der wendische Faust (1896)

In der Folge entstanden viele Varianten, wofür exemplarisch *Der wendische Faust* von **Georg Pilk** von 1896 genannt werden soll. In dieser Fassung ist Krabat eine „Figur, die sich innerhalb der Sage vom armen Sohn eines Viehhirten zum Herrn auf Groß-Särchen entwickelt, vom Zauberlehrling in der Teufelsmühle in Schwarz-Collm zum guten Zauberer, der das sorbische Volk unterstützt."[51] Hier erfährt die Sage bzw. ihr Protagonist eine erste Einbettung in einen politischen Kontext.

Mišter Krabat

Im 20. Jahrhundert wurde die Sage literarisch weiterentwickelt, Gattungsgrenzen zwischen Sage, Märchen[52] und fantastischer Literatur[53] begannen sich aufzulösen. Die erste Publikation dieser Art erschien 1954 unter dem Titel *Meister Krabat – Eine sorbische Sage* von **Martin Nowak-Neumann**. Diese Bearbeitung ist umfangreicher als die vorhergehenden Fassungen, erstmals erscheint Pumphutt, der dezidiert gegen Unrecht vorgeht. Ergänzt wurde diese Fassung um ein Vorwort, in dem Nowak-Neumann auf die Freiheitsbestrebungen der sorbischen Bauern eingeht und damit erneut einen politisch-ideologischen Akzent setzt.[54] Diese Fassung benutzte Otfried Preußler als Vorlage für seinen Roman.

---

50 Groß-Särchen und auch die Nachbildung der Mühle in Schwarzkollm sind heute touristische Attraktionen der „Krabat-Region". Vgl. www.krabat-region.de
51 Ebd., S. 40.
52 Mündlich tradierte, realitätsenthobene Erzählung ohne räumlich-zeitliche Bindung.
53 Literatur, die das Exorbitante und Exzessive, das Übernatürliche und Traumhafte thematisiert.
54 Die Sorben sind eine in der Lausitz lebende, westslawische Minderheit. Angeregt durch die Französische Revolution (1789) initiierten die sorbischen Bauern in der Lausitz zwischen 1790 und 1794 Aufstände, um bessere Lebensbedingungen durchzusetzen. Die Aufstände wurden niedergeschlagen.

In einen politisch-ideologischen Kontext gehören auch die **Publikationen des wichtigsten Schriftstellers der Sorben**, Jurij Brězan: *Die schwarze Mühle* (1968), *Krabat oder die Verwandlung der Welt* (1976) und *Krabat oder die Bewahrung der Welt* (1995). In seinen Fassungen macht Brězan aus Krabat einen „Befreier der unterdrückten Sorben".[55] Außerdem löst Brězan in seinen Fassungen den Sagenstoff räumlich und zeitlich aus dem eigentlichen Zusammenhang, womit er ein gattungstypisches Kriterium des Märchens erfüllt.

Jurij Brězan

Auch **Preußler** arbeitet in seinem Roman von 1971 mit einer Märchenmotivik (der Pferdezauber, diverse Verwandlungen), doch er entpolitisiert die Sage und eröffnet so neue interpretatorische Möglichkeiten:

Krabat (1971)

„An die Stelle der Mutterliebe ist die Liebe zu einer Gleichaltrigen getreten, die aber ebenfalls Erlösungsfunktion besitzt. Preußler entfernt sich von der Sagen-Vorlage, indem er den Schwerpunkt auf die Adoleszenzphase Krabats während seiner Lehrjahre verlegt und so die Identifikation der (überwiegend jugendlichen) Leser mit Krabat erleichtert. Anders als den Autoren der früheren Fassungen geht es Preußler also um die Schilderung der psychologischen Reifung Krabats, der seine Pubertät in der Zauberwelt im Koselbruch durchlebt."[56]

Zauberei in der Literatur

Zauberer galten früher als eine Form von Wissenschaftlern, wobei die Grenze zwischen Wissenschaft und Magie nicht festgelegt werden konnte: Schon immer also ein hervorragender Stoff für Literatur.

---

55 Schmitt, S. 42.
56 Ebd., S. 46.

Merseburger Zaubersprüche

Frühe schriftliche Zeugnisse über Zauberei in der deutschen Literatur sind die *Merseburger Zaubersprüche*, aufgezeichnet im 10. Jahrhundert, mit denen Unheil und Bedrohung abgewehrt werden sollten, zum Teil unter **Beschwörung übernatürlicher Mächte**. Überhaupt war das Mittelalter die Hochzeit der Magie und des Okkulten in der Literatur. Die Figur des Magiers changiert darin zwischen einem gelehrten Mann und einem Scharlatan. Ein Beispiel für letztere Kategorie sind die ***Canterbury Tales*** von **William Chaucer** (14. Jahrhundert), in denen ein Domherr mit alchemistischen Experimenten betrügt. Hier erscheint die Magie auch als historische Hofunterhaltung.

Merlin

Zweihundert Jahre vorher kreierte **Geoffrey von Monmouth** mit seinem Merlin, dem Zauberer der Artus-Sage, einen Repräsentanten des mittelalterlichen Magiers, der zugleich Fürstenberater (wie der Meister in *Krabat*), Prophet und Techniker ist.

Die Figur des Magiers ist nicht geschlechtsgebunden, wie das Beispiel der **Circe** (oder: Kirke) aus der griechischen Mythologie zeigt. Sie verwandelte die Besucher ihrer Insel Aiaia in Tiere und gründete so den ersten „Privatzoo der Antike". Die Männer des Odysseus transformierte sie mithilfe eines Zaubertranks in Schweine, Skylla, ihre Rivalin um die Liebe des Glaukos, wird durch Circes magisches Vermögen in ein Seeungeheuer verwandelt (*Odyssee* des Homer, 8. Jahrhundert v. Chr.).

Lore Lay

Eine Zauberin ist auch die *Lore Lay* des Hochromantikers **Clemens Brentano**, dessen Ballade von 1800 wie folgt beginnt:

„Zu Bacharach am Rheine
Wohnt eine Zauberin,
Sie war so schön und feine
Und riss viel Herzen hin.

Und brachte viel zu schanden
Der Männer rings umher,
Aus ihren Liebesbanden
War keine Rettung mehr."[57]

Brentano kreiert eine erotische Frau, die aber unglücklich ist über
ihre Fähigkeiten. Der Bischoff, selbst in sie verliebt, lässt sie in ein
Kloster bringen. Auf dem Weg dorthin stürzt sich Lore Lay von
einem Felsen in den Rhein. Das **Motiv der Erotik** wird also durch
eine religiöse Färbung gewissermaßen entschärft.

In *Der Zauberlehrling* von 1797 geht es weit weniger dramatisch
zu. Johann Wolfgang von Goethe beschreibt ebenfalls in Form einer **Ballade** das Scheitern eines zwar ambitionierten, letztlich aber
überforderten Adepten der Schwarzen Kunst.

*Goethes Zauber-
lehrling*

In den Kunstmärchen[58] der Romantik ist die Zauberei ein prägen-
des Motiv, woraus sich die typische Dichotomie[59] zwischen **Christentum und Heidentum** konstituiert, die sich auch in *Krabat* findet
(vgl. Kapitel 3.7, S. 108):

„Als Kerntopos kann das christliche Modell der Seele am Scheide-
weg zwischen Gut und Böse, wahrer Lehre und weltlichen Verlo-
ckungen gelten [...]."[60]

Ein Beispiel für ein solches Kunstmärchen ist *Der Runenberg* (1802)
des Frühromantikers **Ludwig Tieck**. In diesem Märchen verliert der
Protagonist Christian seinen Verstand an eine magische Tafel, die

Der Runenberg

---

57 Kemp, Friedhelm (Hg.): *Clemens Brentano. Werke in einem Band*. München: Carl Hanser Verlag,
    1989, S. 37–38.
58 Kunstmärchen sind aus einem bewusst künstlerischen Akt hervorgegangen, sie haben also einen
    Verfasser.
59 Zweiteilung.
60 Schmitz-Emans, Monika: *Einführung in die Literatur der Romantik*. Darmstadt: WBG 2004, S. 132.

er am besagten Berg von einer Frau (da ist sie wieder, die Magierin) empfängt, und gibt seine bürgerliche Existenz auf. Für die Einordnung dieses Märchens ist es wichtig zu wissen, dass Christian seine Frau Elisabeth in der Kirche kennen und lieben lernt, den Kampf gegen die unheimliche Runenbergwelt jedoch verliert.

Lord of the Rings
und *Harry Potter*

Aktuellere Beispiele für Zauberei in der Literatur sind die Trilogie **Herr der Ringe** von John Ronald Reuel Tolkien (*The Lord of the Rings*, 1954/1955) mit seinen Zauberern Gandalf (gut) und Saruman (böse), sowie die Romanreihe um den Zauberlehrling **Harry Potter**[61] von Joanne K. Rowling. Wie Krabat kämpft hier ein Zauberlehrling gegen einen Meister der schwarzen Magie und wie Krabat wird er durch die Liebe gerettet.

---

61 Bei *Harry Potter* handelt es sich ebenfalls um einen Adoleszenzroman (vgl. Kapitel 3.7, S. 105).

6. PRÜFUNGSAUFGABEN MIT MUSTERLÖSUNGEN

Die Zahl der Sternchen bezeichnet das Anforderungsniveau der jeweiligen Aufgabe.

Aufgabe 1: *

Zeigen Sie anhand von geeigneten Textpassagen, welche Formen von Magie im Roman *Krabat* dargestellt werden.

Mögliche Lösung in knapper Fassung:

Die Magie gehört wie die Religion zu den Urpraktiken der Menschheit und wie die Religion bedient sie sich kultisch-ritueller Akte. Laut Duden ist sie eine geheime Kunst, die sich übersinnlicher Kräfte bedient. Unterschieden wird je nach Intention des Magiers zwischen schwarzer und weißer Magie.

Geheime Kunst

Die weiße Magie ist ihrem Wesen nach altruistisch und kommt sowohl der Allgemeinheit als auch dem einzelnen Menschen zugute. In *Krabat* finden sich mehrere Beispiele für diese Form. Zuerst ist hier Pumphutt zu nennen, der aufgrund seiner sozialen Haltung mit seinen Zauberkünsten den Gesellen des Obermüllers von Schleife zu einem besseren Leben verhilft:

Weiße Magie

„‚Ich bin Pumphutt.'
[…]
‚Du bist Pumphutt?' Dem Müllscher wird's butterweich in den Knien. Er weiß ja, wie Pumphutt mit Meistern umspringt, die ihre Knappen darben lassen und kujonieren." (S. 130–131)

Mit seinen magischen Fähigkeiten legt Pumphutt einen Bann über die Mühle und hebt ihn erst auf, als der Obermüller eine Art Vertrag aufgesetzt und unterschrieben hat, mit dem er die gute Versorgung der Gesellen garantiert (vgl. S. 131).

Ein weiteres Beispiel für die weiße Magie in *Krabat* ist die Hilfe Juros für die Bauern aus Schwarzkollm, die den Meister bitten, es schneien zu lassen, um die Wintersaat zu retten. Seiner Natur entsprechend lehnt der Meister ab und lässt sie fortjagen (S. 191–193). Es ist der von allen verkannte Juro, der es schneien lässt und die Bewohner Schwarzkollms vor möglichem Hunger bewahrt (S. 212).

Auch Tonda handelt im Sinne der weißen Magie, als er für Krabat den Mehlstaub aus der Mehlkammer fortzaubert (S. 21) und Krabat sein Messer schenkt, dessen Klinge sich dunkel verfärbt, wenn dem Besitzer Gefahr droht (S. 84).

Schwarze Magie

Im Gegensatz zur weißen Magie ist die schwarze Magie destruktiv und darauf ausgerichtet, Schaden anzurichten. Außerdem ist sie ein Macht- und Kontrollmittel.[62] Die schwarze Magie dominiert im Roman *Krabat*, was nicht zuletzt an der Figur des die Menschen hassenden Meisters liegt. Er praktiziert ausschließlich schwarze Magie. Er schickt Träume, die mit ihrer suggestiven Kraft den Träumenden manipulieren. Das bekommt Krabat zu spüren, als er schließlich nach drei intensiven Träumen praktisch die Mühle in Schwarzkollm aufsuchen muss (S. 12–13). Tondas Freundin Worschula malträtiert der Meister mit Albträumen und treibt sie damit in den Tod:

‚‚‚Vorläufig brauchst du nur dies zu wissen: Hüte dich, dass der Meister erfährt, wer das Mädchen ist – sonst ergeht dir's wie Tonda.' ‚Sprichst du von Worschula?'

———

62 Dazu vgl. auch Prüfungsaufgabe 2, S. 126.

‚Ja', sagte Juro. ‚Der Meister hat ihren Namen zu früh erfahren, er hat sie mit Träumen gepeinigt, das gibt es, bis sie aus lauter Verzweiflung ins Wasser gegangen ist.'" (S. 213–214)

Ein klassisches Beispiel für diese destruktive Art der Magie ist der Tonfall, mit dem der Meister die Zaubersprüche vorliest:

„‚Dies ist die Kunst, einen Brunnen versiegen zu machen, dass er von einem Tag auf den andern kein Wasser gibt', las er vor. […]. Nun folgte, vom Meister verlesen, der Zauberspruch: eine Folge von unverständlichen Wörtern, wohllautend alle und dennoch mit einem dunklen, Unheil beschwörenden Unterton, der dem Jungen noch lange im Ohr blieb – selbst dann, als der Meister nach kurzem Verweilen von vorn begann." (S. 41–42)

Dann gibt es in *Krabat* noch die Magie der Kantorka. Auch sie erscheint in Krabats Träumen, doch diese Träume sind von ganz anderer Qualität: Sie sind getragen von Zuneigung und Schutz. Die Zauberkunst der Kantorka zeigt sich vor allem darin, dass Krabat, wenn er ihren Ring aus Haar überstreift, einem fremden Willen leicht Widerstand bieten kann (vgl. S. 241). Der kluge Juro erklärt dieses Phänomen so:

Die Magie der
Kantorka: Liebe

„Es gibt eine Art von Zauberei, die man mühsam erlernen muss: das ist die, wie sie im Koraktor steht, Zeichen für Zeichen, Formel für Formel. Und dann gibt es eine, die wächst einem aus der Tiefe des Herzens zu: aus der Sorge um jemanden, den man lieb hat." (S. 242)

Aufgabe 2: ***

Umreißen Sie das totalitäre Regime des Müllers auf der Mühle. Verwenden Sie dafür passende Zitate aus dem Text.

Mögliche Lösung in knapper Fassung:

Der Müller hat ein Machtsystem etabliert. Dieses Machtsystem beruht auf den Elementen Überlegenheit, Machtkonzentration, Angst und natürlich Kontrolle.

Überlegenheit

Die Überlegenheit des Meisters ist offensichtlich, denn im Gegensatz zu seinen Schülern beherrscht der Müller die schwarze Magie. Sein Wissen gibt er nur selektiert weiter und untersagt den Gesellen, im Koraktor zu lesen, „weil manches darin verzeichnet steht, was ihm schaden könnte" (S. 213). Das Verbot garantiert seine Überlegenheit, andernfalls würde das Machtgefälle zwischen ihm und den Gesellen nivelliert werden.[63] Seine Position, beruhend auf der Unwissenheit der Gesellen, ermöglicht ihm ein diktatorisches Regime. Der Müller setzt sich absolut und erwartet von den Gesellen die totale Unterordnung. Individuelle Rechte werden negiert und Verstöße gegen Regeln, die der Meister natürlich selbst festlegt, rücksichtslos sanktioniert. Ein Beispiel dafür ist die Bestrafung Krabats, als der sich aus Mitleid mit dem ängstlichen Juro auf einen Rollentausch einlässt und deshalb von dem darüber erzürnten Meister schwer misshandelt wird:

„Nimm sie als Strafe für deinen Ungehorsam! Wenn ich dir einen Auftrag gebe, hast du ihn auszuführen – so, wie es dir befohlen ist, und nicht anders. Ein nächstes Mal kommst du mir nicht so glimpflich weg, merk dir das!" (S. 138)

---

63   Dazu vgl. auch Prüfungsaufgabe 3, S. 129.

Die Allmacht des Meisters zeigt sich vor allem darin, dass er auf der Mühle Herr über Leben und Tod ist. Der Meister rettet Merten das Leben – aber nicht etwa aus Menschlichkeit, sondern weil ihm Mertens eigene Entscheidung, sterben zu wollen, nicht passt: „‚Wer auf der Mühle stirbt, das bestimme ich!' rief er. ‚Ich allein!'" (S. 188)

Machtkonzen-
tration

Mit dem Gevatter, der einzigen ihm übergeordneten Instanz, hat er einen Handel vereinbart: „Alljährlich muss er ihm einen von seinen Schülern zum Opfer bringen, sonst ist er selber dran." (S. 213) Seine Schüler ahnen diese Zusammenhänge, Juro spricht es gegenüber Krabat aus: „Du weißt ja, dass jedes Jahr in der Neujahrsnacht einer von uns für ihn sterben muss." (S. 213)

Die Gesellen haben also immer den Tod vor Augen, möglicherweise ihren eigenen und den der anderen, die bereits auf dem Wüsten Plan verscharrt liegen. Dies verursacht Angst, die ein weiteres Element im Machtsystem des Müllers ist. Angst erzeugen auch die überaus harten Strafen des Meisters. So foltert er beispielsweise Michal, weil der sich für den schwachen Witko einsetzt:

Angst

„Die Burschen trollten sich voller Sorge zu Bett. Sie hörten die halbe Nacht lang ein grässliches Kreischen und Krächzen im Haus – dann kam Michal die Bodenstiege heraufgewankt, bleich und verstört. ‚Was hat er mit dir gemacht?', wollte Merten wissen. Erschöpft winkte Michal ab. ‚Lasst mich, ich bitte euch!'" (S. 107)

Diese Angst vor dem Meister bewirkt einen hohen Anpassungsdruck der Gesellen. Ein weiteres Mittel zur Erzeugung von Angst und Anpassung ist die Kontrolle. Das weiß natürlich auch der Machtmensch aus der Mühle im Koselbruch und er bedient sich dieses Mittels in mehrfacher Form. Zum einen kontrolliert er die Kommunikation unter den Gesellen. Der Meister duldet keine Fragen und kaum zwanglose Gespräche (vgl. S. 19, S. 171–172). Seine Vorga-

Kontrolle

ben verfehlen die Wirkung nicht, denn über Mysteriöses wie die Unfälle von Tonda und Michal wird nicht gesprochen, wie Krabat nach Tondas Tod erfahren muss:

„Die Mühlknappen lungerten auf den Pritschen herum, sie hockten am warmen Ofen. Sie aßen wenig und sprachen nicht viel, besonders nicht über Tondas Tod. Als habe es einen Altgesellen, der Tonda hieß, auf der Mühle im Koselbruch nie gegeben." (S. 95)

Überwachung

Andererseits ist Lyschko der Handlanger des Meisters. Der Müller protegiert ihn zwar, doch dafür muss Lyschko Spionagedienste leisten – was dieser zuverlässig und anscheinend gerne tut. Als der Meister Krabat gegenüber misstrauisch wird, setzt er Lyschko auf ihn an (vgl. S. 206–207).

Der Meister kontrolliert seine Gesellen aber auch selbst, wobei er in verschiedenen Erscheinungsformen auftritt. So beispielsweise als Standesperson beim Viehhandel (S. 238) oder als alte Frau auf der Kirmes in Schwarzkollm:

„So kam es, dass selbst die Bauernweiber an ihren Tischen keinen Verdacht schöpften; auch die Alte, die auf dem linken Auge erblindet war (Krabat entdeckte sie jetzt erst), machte da keine Ausnahme." (S. 239–240)

Der Tyrann verliert

Erst als der Meister die Kontrolle über Krabat verliert und dieser keine Angst mehr vor der magischen Übermacht des Meisters hat, fällt dessen diktatorisches System in sich zusammen.

Aufgabe 3: ***

Zeigen Sie die Bedeutung des Lesens in Preußlers Roman *Krabat*.

Mögliche Lösung in knapper Fassung:

Lesen ist die Aneignung von Wissen und Wissen ist Macht, wie Francis Bacon[64] in einem Aphorismus sagte. Was bedeutet das für den Roman *Krabat*?

Lesen = Wissen = Macht

In diesem Roman lesen zwei Personen aktiv – und diese Personen könnten unterschiedlicher nicht sein. Da ist zunächst der Meister, der lesend eingeführt wird:

„Hinter dem Tisch saß ein massiger, dunkel gekleideter Mann, sehr bleich im Gesicht, wie mit Kalk bestrichen; ein schwarzes Pflaster bedeckte sein linkes Auge. Vor ihm auf dem Tisch lag ein dickes, in Leder eingebundenes Buch, das an einer Kette hing: darin las er." (S. 15)

Das Buch ist „der Koraktor, der Höllenzwang. [...] Es enthält alle Zaubersprüche der Welt." (S. 41) Durch das Lesen des Koraktors gelangt der Meister zu Wissen und so zu einer Machtposition, die ihn in der Mühle unantastbar macht. Natürlich ist er sehr daran interessiert, dass die Verhältnisse so bleiben wie sie sind, was er unmissverständlich klarmacht:

„Ich allein darf sie [die Zaubersprüche] lesen, weil ich der Meister bin. Euch aber, dir und den anderen Schülern, ist es verboten, darin zu lesen, das merke dir! Und versuche nicht, mich zu hintergehen,

---

64 Francis Bacon, Baron von Verulam (1561–1626): englischer Philosoph und Staatsmann.

das würde dir schlecht bekommen! Du hast mich verstanden, Krabat?" (S. 41)

Der Meister erteilt Leseverbot

Der Koraktor ist also ein für die Gesellen verbotenes Buch. Der Besitz von Büchern bzw. das Lesen darin ist immer dann verboten, wenn es die Position eines Mächtigen oder die Fundamente eines totalitären Regimes ins Wanken bringen könnte: Eindrücklich wird das beispielsweise im dystopischen Roman *Fahrenheit 451* (1953) von Ray Bradbury dargestellt. Folgerichtig lässt der Meister in *Krabat* die Mühlknappen nicht lesen, sondern liest Ausgewähltes vor:

„Der Meister hatte sich wieder hinter den Tisch gesetzt und fing an, einen Abschnitt aus dem Koraktor vorzulesen: langsam, in singendem Tonfall, wobei er sich steif in den Hüften vor und zurück wiegte, vor und zurück." (S. 41)

Dabei liest er Destruktives der schwarzen Magie vor, wie die Anleitung, einen Brunnen versiegen zu lassen (S. 41), oder Manipulationsmechanismen:

„Hatte der Meister sie nicht die Kunst gelehrt, in Gedanken zu einem anderen Menschen zu sprechen, ‚dass er die Worte hören kann und versteht, als kämen sie aus ihm selbst?'" (S. 199)

Zensur

Daraus lässt sich insgesamt auf einen unsozialen Charakter schließen, auf einen egoistischen und eigennützigen Menschen: Der Meister ist wie alle machthungrigen Menschen nur daran interessiert, seinen Mühlburschen das Nötigste an Information, Wissen und Bildung zukommen zu lassen, damit die Verhältnisse so bleiben wie sie sind: zu seinem Gunsten. Wissbegierde wird im Keim erstickt:

„In diesem Augenblick flog die Tür auf. Der Meister trat ein, er war zornig, die Mühlknappen duckten sich. ‚Schwätzt mir nicht!‘, fuhr er sie an; und den Blick seines einen Auges auf Krabat gerichtet, fügte er barsch hinzu: ‚Wer viel fragt, der viel irrt. – Wiederhole das!‘
Krabat stammelte: ‚Wer viel fragt, der viel irrt …‘
‚Schreib dir das hinter die Ohren!‘“ (S. 19)

Mögliche Konkurrenten lässt er sterben, so erst Tonda, dann Michal. Krabat wäre mit Sicherheit der nächste Tote gewesen, hätte Juro ihn nicht gewarnt.

Unerwünschte Wissbegierde

Juro ist die andere, aktiv lesende Romanfigur in *Krabat*:

„‚Ich muss putzen und schrubben und Staub wischen – auch in der Schwarzen Kammer zuweilen, wo der Koraktor liegt, angekettet am Tisch und für niemanden zugänglich, der darin lesen könnte. Das wäre nicht gut für den Meister, weil manches darin verzeichnet steht, was ihm schaden könnte, wenn einer von uns es erführe.‘
‚Du aber‘, sagte Krabat, ‚du kannst lesen!‘
‚Ja‘, sagte Juro.“ (S. 213)

Juro kann lesen und er kann das lesen, was den Jungen vom Meister vorenthalten wird, so über die Möglichkeit der Freisprechung durch ein liebendes Mädchen (S. 213). Durch seine Lesefähigkeit eignet sich Juro für den diktatorischen Meister gefährliches Wissen an, dessen Anwendung letztlich zur Revolte führt – und zur Zerstörung der vorhanden Machtgefüge. Das Lesen nimmt damit im Roman *Krabat* eine bedeutende und alles entscheidende Rolle ein.

Juro zettelt Revolte an

LITERATUR

Zitierte Ausgabe:
Preußler, Otfried: *Krabat*. 6. Auflage. Stuttgart: Thienemann, 2018.

Biografisches:
http://www.preussler.de (abgerufen am 19.8.2018) → Homepage
des Autors, betreut von seiner Tochter Dr. Susanne Preußler-
Bitsch.

Leitner, Carola: *Erntelager ,Geyer' – stillgestanden!* In: *ORF*,
6.9.2015. https://orf.at/stories/2294576/2294577/ (abgerufen am 19.8.2018) → Artikel über den ersten Jugendroman
Preußlers.

Preußler-Bitsch, Susanne; Stigloher, Regine (Hg.): *Otfried
Preußler. Ich bin ein Geschichtenerzähler* (2010). Stuttgart:
Thienemann, 2010. → Biografie Preußlers mit autobiografi-
schen Texten.

Über *Krabat*:

Bluhm, Daniela: *Otfried Preußlers Krabat als Warnung vor diktatorischen Systemen. Konzept der Magisterklausur*. Düsseldorf:
Heinrich-Heine-Universität. http://www.mythos-magazin.de/
ideologieforschung/db_krabat.pdf

FBW. Filmbewertungsstelle Wiesbaden: *Krabat*. https://www.fbw-
filmbewertung.com/uploads/fbwdb_film/infopdf/
d10708b8021ea24405ebd6110d85511891241991.pdf
(abgerufen am 13.10.2019)

Fritz, Heiko: *Märchenhaft Vermischtes: Aufsätze und Aphorismen*.
Hamburg: Igel-Verl. Wissenschaft, 2008.

Fritz, Heiko: *Das Mysterium der Mühle: mit einer Deutung der Geschehnisse in Otfried Preußlers Roman „Krabat".* Oldenburg: Igel-Verl., 2002.

Frommholz, Melanie: *Krabat.* In: *Booksection.* https://www.booksection.de/buch/167-Krabat (abgerufen am 2.9.2018)

Neumann, Martin (Hg.): *Sorben (Wenden) – Eine Brandenburger Minderheit und ihre Thematisierung im Unterricht . Teil III: Krabat – Aspekte einer sorbischen Sage.* Potsdam, 2008. https://publishup.uni-potsdam.de/opus4-ubp/frontdoor/deliver/index/docId/2544/file/zfl_krabat_iii.pdf (abgerufen am 13.10.2019)

Rezension des Schweizerischen Instituts für Kinder- und Jugendmedien. Zürich, 2019. https://www.sikjm.ch/rezensionen/datenbank/?id=1986&c=1&author=Otfried%20Preussler (abgerufen am 2.9.2018)

Schmitt, Maike: *Krabat. Die Aktualität eines Sagenstoffes in Literatur und Film.* In: Luban, Kristin (Hrsg.): Krabat. Analysen und Interpretationen. https://publishup.uni-potsdam.de/opus4-ubp/frontdoor/deliver/index/docId/2544/file/zfl_krabat_iii.pdf (abgerufen am 13.10.2019). → Interessanter Aufsatz über die Aufbereitung der Krabat-Sage für Literatur und Film mit besonderer Berücksichtigung des Romans von Otfried Preußler.

Steinhagen, Magdalena: *Preussler, Otfried: Krabat.* In: *Wissenschaftliches Internetportal für Kindermedien und Jugendmedien.* http://www.kinderundjugendmedien.de/index.php/literaturkritiken/164-krabat-schwarze-magie-und-schabernack-hexenkunst-als-alltagsphaenomen (abgerufen am 2.9.2018)

Übergreifende Darstellungen:

Aristoteles: *Poetik*. Stuttgart: Reclam, 2001.

Hamburger, Käte: *Die Logik der Dichtung*. Stuttgart: Klett, 1957.

Kauntz, Bernhard: *Der Große Nordische Krieg*. 2010.
http://www.werbeka.com/bibliote/beka/18jhd/grnordkd.htm
(abgerufen am 12.08.2018) → Informative Seite über Ursache
und Verlauf dieses Krieges.

Kemp, Friedhelm (Hg.): *Brentano, Clemens: Werke in einem Band*.
München: Carl Hanser Verlag, 1989.

Schmitz-Emans, Monika: *Einführung in die Literatur der Romantik*.
Darmstadt: WBG 2004.

Volkert, Catarina: *Hintergrund: Märchen – Definition, Abgrenzung
zur Sage, Legende, Fabel*. In: *Planet Schule*. https://www.planet-
schule.de/wissenspool/die-brueder-grimm/inhalt/hintergrund/
maerchen-definition-abgrenzung-zur-sage-legende-fa-
bel.htmlkap2 (abgerufen am 13.10.2019)

STICHWORTVERZEICHNIS